Study on China's Uniform Legislation of Geographical Indications

我国地理标志统一立法研究

陈 星 / 著

中国法制出版社
CHINA LEGAL PUBLISHING HOUSE

国家知识产权局软科学研究项目
“地理标志统一立法研究”（SS22-A-02）和
广西一流学科建设项目（法学）资助

前　言

2020年11月习近平总书记在主持中央政治局第二十五次集体学习时强调“要加强地理标志、商业秘密等领域立法”。2021年9月，中共中央、国务院印发《知识产权强国建设纲要（2021—2035年）》，提出“探索制定地理标志、外观设计等专门法律法规，健全专门保护与商标保护相互协调的统一地理标志保护制度”。2021年10月，国务院印发《“十四五”国家知识产权保护和运用规划》，提出“加强地理标志、商业秘密等领域立法”。2021年12月国家知识产权局印发《地理标志保护和运用“十四五”规划》，进一步明确“积极推动地理标志专门立法工作，深入开展地理标志立法调研论证，加强国外地理标志法律制度比较研究，健全专门保护与商标保护相互协调的统一地理标志保护制度”。2022年10月，习近平总书记在党的二十大报告中指出，加强知识产权法治保障，形成支持全面创新的基础制度。完善地理标志立法，是当前我国加强知识产权法治保障的重要举措，引发社会各界高度关注。2023年5月，全国政协提案委员会调研组赴广西、云南开展加强地理标志保护重点提案督办调研；7月21日，全国政协围绕“加强地理标志保护”召开双周协商座谈会。社会各界热议“地理标志立法”问题，为构建中国特色地理标志保护新格局贡献智慧和力量。

在此背景下，2022年国家知识产权局软科学研究项目设立“地理标志统一立法研究”课题（SS22-A-02），由笔者主持研究。本研究深入研究我国现有地理标志商标法保护、地理标志产品保护、农产品地理标志保护三种保护模式，将之凝练为“三元模式”，探析“三元模式”下地理标志管理混乱、地理标志保护主客体差异、地理标志与商标权利冲突、保护力度不一等问题。在拨开地理标志是否赋权理论纷争云雾的基础上，本研究提出地理标志利益已成为一项特定和独立的民事利益，且不能为现有权利类型所涵盖，同时符合权益区分理论的“权利三特征”，地理标志权从学理上得以证成。创新论证地理标志已经成为一种独立的知识产权客体，地理标志权是一项独特的知识产权，地理标志权是地理标志统一立法的基石。地理标志统一立法面临模式整合难、一步到位专门立法难、权利保护难的难题，商标制度为近期实现地理标志统一立法提供制度基础、地理标志保护需求为远期实现地理标志统一立法提供了实践基础。本研究提出走中国特色的地理标志统一立法“两步走”策略：第一步为近期目标，在商标法框架下制定《地理标志条例》，借助商标体系解决地理标志的申请、审查、认定等程序性规则和权利保护规则，同时增加原来“地理标志产品保护”中技术规范和技术标准、技术审查、质量技术监管、质量管理责任等规定，形成商标法框架下的“小”专门立法；第二步为远期目标，以专门法模式制定《中华人民共和国地理标志法》，围绕地理标志权构建地理标志保护体系。

地理标志是我国知识产权的长项，是我国参与全球知识产权竞争的重要手段，是我国参与知识产权国际竞争的优势力量，是我国主动参与知识产权全球治理的切入点，加强地理标志国内立法刻不容缓。地理标志立法，不能照搬美国模式，也不能照抄法国立法，探索构建中国特色地理标志法律制度，形成中国风格、中国气派的地理标志保护新格局，是当前地理标志理论研究与立法实践的重要课题。由于学术水平与文献资料有限，本研究视野、思路存在局限，错漏在所难免，抛砖引玉，以引发更多学界、实务界专家关注地理标志立法，为地理标志制度建设贡献智慧和力量。

陈 星

2023 年 10 月于南宁相思湖畔

目　录

Contents

第二章　国外地理标志立法模式考察借鉴

第三章　地理标志权：地理标志统一立法的基石

第四章 中国特色地理标志统一立法策略

第五章 近期目标：商标法框架下制定《地理标志条例》

导　　论

一、研究背景

国家知识产权战略实施以来，我国知识产权保护状况明显改善，全民法律意识逐渐增强，为进一步推进知识产权高质量发展，2021 年，中共中央、国务院印发了《知识产权强国建设纲要（2021—2035 年）》，提出加快推进知识产权改革发展，全面提升我国知识产权综合实力，建设中国特色、世界水平的知识产权强国。但地理标志作为《与贸易有关的知识产权协定》（以下简称“TRIPS 协定”）所确定的七大类知识产权客体之一，被纳入国际法律保护虽已达百年之久，纳入我国的法律保护时间却较短，在我国的保护水平较低。自引入商标法保护模式以来，我国在立法层面仅形成了以商标法为主，部门规章为辅的并行保护模式，地理标志管理机构改革后，形成农业农村部与国家知识产权局并行的二元管理模式，国家知识产权局负责地理标志商标和地理标志产品保护（Product of Geographical Indication，PGI）的认定与管理，农业农村部负责农产品地理标志（Agro-product Geographical Indication，AGI）的认定与管理，即“三部法规并行保护、两个部门同时监管、三套地理标志认定管理体系”模式，权利义务的不明晰、管理部门的职能重叠、三套认定管理体系并行等导致在实践中地理标志的保护存在职能冲突、管理混乱等问题，严重阻碍了我国地理标志保护模式的发展与进步，迄今为止，我国仍未针对地理标志保护形成统一科学的法律体系，对地理标志的保护远低于国际水平。

近年来，《中华人民共和国与欧洲联盟地理标志保护与合作协定》（以下简称《中欧地理标志协定》）和《区域全面经济伙伴关系协定》（RCEP）两部双边与区域性国际条约的签署和《知识产权强国建设纲要（2021—2035年）》的印发不仅彰显了中国持续深化改革、扩大开放和保护知识产权的决心，也意味着我国现有的地理标志保护模式并不能适应我国全面提升知识产权综合实力的发展需要，设定更高水平的地理标志相关保护规则，形成统一科学的地理标志法律保障体系亟待实现。本研究立足于我国全面提升知识产权综合实力的现实需求，针对我国地理资源丰富等特点，以解决我国地理标志管理混乱等现状、提升地理标志保护水平与国际竞争力为目标，提出地理标志统一立法的构想，结束我国地理标志“法出多门”的局面。

二、研究目的

（一）解决地理标志统一立法理论基础问题

地理标志立法如何选择，是私法还是公法？关键要深入探究地理标志之上是否赋予权利，该项权利是私权还是公权，是否属于知识产权范畴。本研究借助洛克劳动财产权理论分析，地理标志利益进入权利具有内在正当性并得以从学理证成一项独立的新型知识产权——“地理标志权”，为地理标志统一立法奠定理论基石。

（二）解决地理标志保护模式选择问题

本研究对我国现有“地理标志商标法保护”“地理标志产品保护”“农产品地理标志保护”形成的“三元模式”进行检视和反思，基于地理标志作为一种独立的知识产权客体、独特的知识产权的理论共识，结合各国经验与地理标志保护现实需求，认为从长远看专门法保护模式最适宜我国地理标志的保护与发展。

（三）解决地理标志统一立法路径问题

本研究立足于我国地理标志数量众多、面临模式整合难、一步到位专门立法难、权利保护难的现实问题，提出走中国特色的地理标志统一立法“两步走”策略：第一步为近期目标，在商标法框架下制定《地理标志条例》，以商标法保护模式统摄地理标志保护；第二步为远期目标，以专门法模式制定《中华人民共和国地理标志法》，围绕地理标志权构建地理标志保护体系。

三、研究意义

（一）理论意义

1. 从学理论证地理标志权应成为一项独立的知识产权

地理标志作为特定地理区域劳动群众通过长期智力劳动形成的商业标识，凝结了劳动者的创造性劳动，成为一种新型知识财产，通过立法设定权利对其保护具有正当性；地理标志赋权符合知识产权强国背景下重大法益保护需求、地理标志利益成为一项特定和独立的民事利益且不能为现有权利类型所覆盖，具备上升为权利的前提条件；地理标志符合归属效能、排除效能、社会典型公开性的权益区分理论三个特征。

2. 揭示地理标志权的法律属性并构造权利内容

《中华人民共和国民法典》（以下简称《民法典》）为地理标志权的诞生提供直接法律依据，地理标志权属性为私权，地理标志权具有权利主体的特定性、权利客体的关联性、权利内容的限制性、权利行使的共有性、权利期限的永久性等独特的“五性”特征；地理标志权的主体由实质权利主体（特定地理区域的劳动群众）和代表权利主体（当地政府）组成，形成知识产权领域中特殊的二元“产权”主体；地理标志的客体为标示某产品来源于特定地理区域的标志，该产品的特定质量、声誉或者其他特征，主要由该地理区域的自然因素和人文因素所决定；地理标志具有排他占有、许可使用、品质监管权能。

（二）现实意义

本研究创新地提出走中国特色的地理标志统一立法“两步走”策略，提出近期在商标法框架下制定《地理标志条例》，时机成熟时以专门法模式制定《中华人民共和国地理标志法》。从顶层设计、基本框架、与相关法律的衔接等多角度对《地理标志条例》《中华人民共和国地理标志法》提出行之有效的设计构想并出具学者建议稿，以期推动我国《地理标志条例》的尽快起草与出台，最终实现地理标志专门立法，促进我国知识产权保护水平全方位的提升和发展，更好地发挥知识产权作为国家发展战略性资源和国际竞争力核心要素的关键作用。

四、研究内容

本研究对我国地理标志“三元模式”进行检视与反思，提出地理标志利益已成为一项特定和独立的民事利益，从学理上对地理标志权进行证成，并对地理标志权进行权利构造。以地理标志权为立法基石，提出走中国特色的地理标志统一立法“两步走”策略，解决地理标志统一立法面临模式整合难、一步到位专门立法难、权利保护难的难题，并探索我国地理标志统一立法具体方案。本研究主要内容如下：

（一）我国地理标志保护模式现状及困境

当前我国地理标志保护存在“地理标志商标法保护模式”“地理标志产品保护模式”和“农产品地理标志保护模式”，“三元模式”各自独立、互不干扰。第一，主管机关不同，地理标志产品保护由国家知识产权局知识产权保护司主管、地理标志商标由国家知识产权局商标局主管、农产品地理标志由农业农村部主管；第二，标志不统一，地理标志产品保护和地理标志商标的标志为地理标志专用标志官方标志（GI），农产品地理标志的标志为中华人民共和国农业农村部农产品地理标志公共标识（AGI）；第三，申请条件、申请程序和审查标准存在差异，同一产品可以多头申报不同类型地理标志。“三元模式”造成地理标志管理混乱、地理标志保护主客体差异、地理标志与商标权利冲突、保护力度不一等问题。

（二）国外地理标志立法模式考察

就世界范围而言，形成以法国为代表的专门法保护模式、以美国为代表的商标法保护模式和以日本为代表的反不正当竞争法保护模式，各国大都基于基本国情选择适宜本国的保护模式，法国地理标志资源丰富则选择对地理标志提供高标准保护的“强”保护的专门法保护模式，美国地理标志资源相对匮乏则选择“弱”保护的商标法保护模式，日本则选择“一般性”保护的反不正当竞争法保护模式。我国与法国的基础条件相似，都拥有优质生产环境、物产丰富、长期农业发展史、均为成文法国家，借鉴法国的专门法保护模式有助于为我国丰富的地理标志资源提供高水平的地理标志保护体系。

（三）地理标志统一立法的理论基础

地理标志统一立法的前提是厘清地理标志的权利性质。虽然 TRIPS 协定和我国《民法典》都正式确认了对地理标志的保护，但是否应当设立独立的“地理标志权”仍争议较大；我国地理标志保护“三元模式”并存且均有强烈的公权力介入，学界对地理标志权的法律属性形成公权说、私权说和双重属性说三种观点；地理标志设立权利是否纳入知识产权仍存在争议。地理标志利益已成为一项特定和独立的民事利益，且不能为现有权利类型所涵盖，同时符合权益区分理论的“权利三特征”，是一种独立的知识产权类型，设立“地理标志权”符合知识产权强国建设背景下重大法益保护需求。

（四）中国特色地理标志统一立法策略

地理标志统一立法面临诸多难题。在“三元模式”模式下存在主管机构不一、法律概念与构成要件不一、地理标志认定标准不一、缺乏信息共享机制等问题，整合模式涉及多方利益；一步到位专门立法面临地理标志专门立法仍处于探索阶段、专门立法周期过长、构建统一的地理标志保护体系刻不容缓等现实问题；现有“三元模式”仅商标法保护模式对地理标志适用于商标专用权及商标法下的权利义务体系与救济路径，地理标志产品保护模式与农产品地理标志保护模式并未赋予主体特定权利，如何对地理标志权进行保护是现阶段的难题。基于我国较为成熟的商标制度和地理标志保护实践需要，提出中国特色地理标志统一立法“两步走”策略：第一步为近期目标，商标法框架下，制定“小”专门立法即《地理标志条例》；第二步为远期目标，专门法模式下制定《中华人民共和国地理标志法》。

（五）近期目标：商标法框架下制定《地理标志条例》

采用商标法模式整合现有地理标志保护模式，借助商标体系解决地理标志的申请、审查、认定等程序性规则和权利保护规则，同时增加原来“地理标志产品保护”中技术规范和技术标准、技术审查、质量技术监管、质量管理责任等规定，立法侧重统一地理标志的名称、地理标志的认定规则及地理标志的管理体系，关注地理标志的运用和保护。通过将地理标志的管理权限统一进国家知识产权局商标局，统一地理标志概念、构成要件、认定条件、统一主体客体及设置转化过渡期，将地理标志纳入统一的注册体系。国务院出台《地理标志条例》。在《中华人民共和国商标法》（以下简称《商标法》）框架下构建统一的地理标志认定制度，与《民法典》《中华人民共和国刑法》（以下简称《刑法》）等法律形成合力，通过在过渡阶段调和各方利益以实现保护公共利益的目标，为地理标志专门立法积累经验。统一整合认定职能至国家知识产权局商标局，通过统一审查标准、建立以专家审查为支撑的审查认定制度达到认定体系“三合一”；统一规范地理标志名称、确定地理标志认定产品范围、明确地理标志认定产品分类标准以统一地理标志商标注册和管理规则；健全实质审查制度、统一产品质量标准要求以健全地理标志商标认定中技术审查规则。

（六）远期目标：专门法模式下制定《中华人民共和国地理标志法》

地理标志统一认定制度逐渐步入正轨后，探索制定《中华人民共和国地理标志法》，坚持立法遵循国际协议、明确立法的目标定位、实现保护模式从“三元模式”到“三元合一”、统一地理标志管理机构和认定标准，以《民法典》为依据，在《中华人民共和国地理标志法》中正式确立地理标志权，并构建保护地理标志权民事、行政和刑事责任体系；推动设立“国家知识产权局地理标志局”全面负责地理标志管理工作，并进一步明确其职责，建立与国家知识产权局内设机构、国家市场监督管理总局内设机构、农业农村主管机构、检察机关、审判机关相协调的协作机制，形成地理标志保护运用的合力。

五、创新点

（一）视角创新

本研究立足于《国家知识产权建设纲要（2021—2035年）》要求全面提升我国知识产权综合实力，但国内地理标志保护水平低下的现实情况，对现有地理标志保护的法律规章与“三元模式”进行检视与反思，并结合国外地理标志保护模式厘清我国地理标志保护陷入困境的原因，从国内国外两个维度进行对比分析，结合我国地理标志已经成为一种独立的知识产权客体的实际，多角度分析地理标志专门立法的正当性。

（二）理论创新

本研究在对地理标志进行法理界定的基础上，梳理并分析地理标志赋权相关学说，全方位论述了地理标志赋权的正当性，创新地提出独立地理标志权说，论证地理标志是无形财产、地理标志权是私权、地理标志权二元“产权”主体论、地理标志权的权利构造等，为地理标志权的确立与保护奠定理论基础，为地理标志学术理论注入新鲜的血液。

1. 创新地提出地理标志是一种无形财产。运用洛克劳动价值论论证并提出地理标志具有价值性，同时地理标志具有稀缺性和可支配性，符合财产的本质特征与构成要素，是一种无形财产。

2. 创新地对地理标志权的学理纷争进行梳理并对其进行理论证成。创新地对现有的地理标志是否设立权利之争、地理标志公私权之辨、地理标志权是否为知识产权三种主流观点进行梳理分析，以此为基础从地理标志设置权利的正当性、地理标志利益符合上升为权利的前提条件、地理标志利益符合权利的特征三个层面对地理标志权进行证成。

3. 创新地厘清了地理标志权的权利属性。以确定权利名称为基础，本研究在梳理地理标志权“公权说”“私权说”的基础上，提出地理标志权本质上是一项财产权，即使有公权力的介入，其仍是一种具有对世性的权力，地理标志属于私权范畴。

4. 创新地提出地理标志权的二元“产权”主体论。本研究在对传统的地理标志权主体国家说、全体居民说、社会主体说、生产者说、经营者说、生产者和经营者说等学说进行研究分析的基础上，提出地理标志权主体由实质权利主体（特定地理区域的劳动群众）和代表权利主体（当地政府）组成，形成知识产权领域中特殊的二元“产权”主体。

5. 创新地对地理标志权进行权利构造。地理标志权作为新型知识产权，该项权利包含的内容、权能目前尚无定论，本研究在厘清地理标志具有排他占有权能、许可使用权能、品质监管权能的基础上，对地理标志权的附带利益地理标志专用标志使用权以及地理标志权的使用限制进行阐述，构建起完善的地理标志权利体系。

（三）制度创新

相较于国际上将地理标志纳入保护已达百年之久，我国地理标志保护起步较晚且尚有许多待完善之处，为推进地理标志统一立法、对地理标志实施有效保护，本研究通过检视现有的地理标志商标法保护模式、地理标志产品保护模式、农产品地理标志保护模式并进行反思，提出适宜我国地理标志保护与发展的专门法保护模式；通过立足于我国地理标志数量众多、面临模式整合难、一步到位专门立法难、权利保护难的现实问题，提出走中国特色的地理标志统一立法“两步走”策略：第一步为近期目标，在商标法框架下制定《地理标志条例》，以商标法模式统摄地理标志保护；第二步为远期目标，以专门法模式制定《中华人民共和国地理标志法》，围绕地理标志权构建地理标志保护体系。

1. 创新地提出对现有的地理标志保护模式进行变革。本研究对我国现有的“地理标志商标法保护模式”“地理标志产品保护模式”“农产品地理标志保护模式”三种模式进行检视和反思，基于地理标志作为一种独立的知识产权客体、独特的知识产权的理论共识，结合各国经验与地理标志保护现实需求，提出专门法保护模式最适宜我国地理标志的保护与发展。

2. 创新地提出走中国特色的地理标志统一立法“两步走”策略。本研究提出近期在商标法框架下制定《地理标志条例》，时机成熟时以专门法模式制定《中华人民共和国地理标志法》。从顶层设计、基本框架、与相关法律的衔接等多角度对《地理标志条例》《中华人民共和国地理标志法》提出行之有效的设计构想并出具立法建议稿，以期推动我国《地理标志条例》的尽快起草与出台，最终实现地理标志专门立法，促进我国知识产权保护水平全方位的提升和发展，更好地发挥知识产权作为国家发展战略性资源和国际竞争力核心要素的关键作用。

3. 创新地提出优化地理标志统一认定机制。本研究提出完善地理标志统一认定机制：首先，需统一规范地理标志名称，坚持“地理区域名称+通用产品名称”的命名原则，规范地理标志命名，统一地理标志市场；其次，在现有的“三元模式”下，地理标志产品范围不定，制定地理标志申请的产品范围及其标准是科学认定地理标志的前提；最后，提出制定地理标志认定产品分类标准需考虑中国风格、时代特色、国际接轨三个要点，契合我国推进地理标志统一认定制度制定的实际需要。

第一章

我国地理标志保护“三元模式”制度现状与困境

第一节　我国地理标志保护“三元模式”制度现状

我国当前地理标志保护“三元模式”源于2018年国务院行政机构改革前的三套地理标志认定管理体系，即原质检系统的“地理标志产品保护模式”：1999年原国家质量技术监督局发布了《原产地域产品保护规定》，后为2001年新组建国家质量监督检验检疫总局于2005年发布的《地理标志产品保护规定》所替代，建立了“地理标志产品保护”审批的保护体系；原工商系统的“地理标志商标法保护模式”：2001年修订《商标法》，规定了地理标志定义并确立了以证明商标和集体商标对其保护的制度，2003年《集体商标、证明商标注册和管理办法》细化了地理标志申请相关规定，以商标注册方式建立地理标志保护体系；原农业部的“农产品地理标志保护模式”：2002年《中华人民共和国农业法》（以下简称《农业法》）修订，第23条增设“农产品地理标志”制度，2007年原农业部发布《农产品地理标志管理办法》，进一步细化农产品领域地理标志登记和保护规则，至此形成我国特有的地理标志“三元模式”。“三元模式”在我国加入世界贸易组织特定背景下建立起来，对于保护地理标志实现和国际接轨起到积极作用，但是其弊端极为突出，“地理标志”定义逻辑混乱，确权和保护制度设计扭曲，彼此缺乏配合支持。[①] 2018年机构改革后，重新组建了国家知识产权局，原质检系统的“地理标志产品保护”和原工商系统的“地理标志商标”归国家知识产权局统一负责管理，新组建的农业农村部负责“农产品地理标志”管理，形成新的“两套机构、三元模式”，但仍未能解决三种模式交叉重叠且部分冲突等体制性问题。

① 王笑冰：《关联性要素与地理标志法的构造》，载《法学研究》2015年第3期。

一、地理标志商标法保护模式

地理标志商标法保护模式是我国地理标志保护“三元模式”之一，指原国家工商行政管理总局以《商标法》、《集体商标、证明商标注册和管理办法》为根据，通过注册证明商标或集体商标的方式保护地理标志的模式。

（一）地理标志商标法保护模式的发展历程

我国保护地理标志经历了由典型个案以行政途径保护、部门规章以证明商标体系保护，最终引入商标法体系保护的历程。《商标法》对地理标志实施保护源于20世纪80年代，距今已有30年的历程，并不断发展、进步、完善①。

1. 初步构建：地理标志纳入证明商标体系保护

以证明商标方式保护的发展主要体现在“地名商标”规则的变迁。初期中国地理标志保护的实践很大程度上是基于国情和域外的双重影响，一方面，商标法立法成本低且相比于地理标志，商标更被大众熟知；另一方面，以美国为代表的地理标志弱势利益方国家推崇商标法。为保护产业利益及履行国际条约，原国家工商行政管理总局②通过集体商标、证明商标保护体系对地理标志进行监管，在立法与实践中接近地理标志保护的本质要求。1982年，《商标法》尚无规定禁止地名注册，含地名和产品名称的普通商标由特定的市场主体获得注册。1986年，原国家工商行政管理总局商标局发出《就县级以上行政区划名称作商标等问题的复函》首次提及原产地名称的问题，但该复函未对原产地名称内涵作出明确界定。1987年，

---

① 参见胡海容：《地理标志申请与保护实务》，国防工业出版社2016年版，第45页。

② 2018年3月，根据第十三届全国人民代表大会第一次会议批准的国务院机构改革方案，将国家工商行政管理总局的商标管理职责整合，重新组建中华人民共和国国家知识产权局；不再保留国家工商行政管理总局。

原国家工商行政管理总局颁布《关于原产地名称的函》解决“丹麦牛油曲奇”名称适用问题，开启我国通过行政手段保护原产地名称的实践。

1989年，原国家工商行政管理总局对各省、自治区、直辖市及计划单列市工商行政管理局作出要求，提出法国在起泡白葡萄酒上的“Champagne”为原产地名称，而不可作为起泡白葡萄酒的通用名称，规定“Champagne”及中文“香槟”字样禁止企业在酒类商品上使用。此案例向世界表明，中国积极履行原产地名称的行政保护职能、肩负国际公约的义务和责任，同年我国加入《商标国际注册马德里协定》，随着外国证明商标涌入，在地理标志的注册与保护方面出现了新问题和新要求，中国因本身文化传统衍生的具有特定品质的产品具有不同于普通商标的保护需求，以成文法形式保护证明商标成为亟须解决的问题。1993年《商标法》修订新增“县级以上行政区划的地名或者公众知晓的外国地名，不得作为商标，但是，地名具有其他含义的除外；已经注册的使用地名的商标继续有效”的规定。由于地理标志概念的认知度并不高且国内缺少相关保护传统，制度发展相对缓慢，自改革开放以后，我国建设社会主义市场经济体制，注重对外经济交流与合作[①]，中国地理标志产品出口量显著增加，参照美国商标法保护模式，1994年制定《集体商标、证明商标注册和管理办法》，开始受理含地名集体商标、证明商标的注册申请，首次在部门规章层面明确以证明商标保护地理标志，使地理标志在我国首次作为证明商标受到保护。

2. 基本形成：地理标志正式纳入集体商标和证明商标体系保护

早期我国主要关注专利、商标、作品等问题的研究，“地理标志”被视为证明商标与集体商标体系框架内的“子商标”。[②] 2001年，我国加入世

① 参见王雪、尹玥：《〈民法典〉背景下我国地理标志保护制度的困境与发展》，载《贵州大学学报（社会科学版）》2022年第2期。

② 参见陈晖、伽红凯、高芳：《国内外地理标志保护管理体制的演变与趋势》，载《世界农业》2021年第10期。

界贸易组织（WTO），为了履行 TRIPS 协定中的义务，承诺对地理标志保护作出专门规定并修改《商标法》，在第 16 条中引入与 TRIPS 协定一致的“地理标志”概念，明确其作为集体商标或证明商标申请注册并获得保护，一是规定将“地理标志”定义为标示某商品来源于某地区，该商品的特定质量、信誉或其他特征，主要由该地区的自然因素或者人文因素所决定的标志，与 TRIPS 协定中所规定的概念基本一致；二是保护商品范围不受限制，农产品、工业产品以及成品和原材料均涵盖在内；三是外在形式不仅单指地名，还包括其他起标示商品地区作用的可视性标志，而非直接地理标志。后又颁布《商标审查标准》规定申请条件，一是具有监督使用地理标志商品特定品质的能力，二是主体组织生产的商品符合使用地理标志的条件即可正当使用。2002 年，为实现上位法与下位法规章的衔接，国务院发布《商标法实施条例》对注册条件、程序等具体问题进行补充规定，是我国首次明确规定可以通过注册证明商标、集体商标为地理标志提供保护，其中第 6 条进一步规定了地理标志可以作为证明商标或集体商标申请注册，形成上位法与下位法规规章为支撑的地理标志商标法保护模式。①

2003 年，《集体商标、证明商标注册和管理办法》细化了包括地理标志申请、地理标志注册程序与管理相关内容。商标法律保护体系正式纳入地理标志部分，地理标志商标法保护模式基本形成，推动了中国地理标志保护工作的进一步展开。2007 年，注册人的成员或者经许可的生产者、经营者，经核准注册的集体商标、证明商标可依据《地理标志产品专用标志管理办法》使用“中国地理标志”专用标志。2013 年 8 月，《商标法》和 2014 年颁布的《商标法实施条例》继续沿用原本对集体商标和证明商标的规定。

① 参见王雪、尹玥：《〈民法典〉背景下我国地理标志保护制度的困境与发展》，载《贵州大学学报（社会科学版）》2022 年第 2 期。

2018 年国务院行政机构改革，由国家知识产权局商标局取代原国家工商行政管理总局商标局商标注册和管理职责。依据《中央编办关于国家知识产权局所属事业单位机构编制的批复》（中央编办复字〔2018〕114 号）规定，将原国家工商行政管理总局商标局、商标评审委、商标审查协作中心整合为国家知识产权局商标局，作为国家知识产权局所属事业单位负责地理标志证明商标、集体商标的管理认定工作。2020 年 4 月 3 日，国家知识产权局发布《地理标志专用标志使用管理办法（试行）》，原国家工商行政管理总局商标局的地理标志专用标志（如图 1-1 所示）停用，此后地理标志保护统一使用专用标志样式（如图 1-2 所示）。截至 2023 年年底，我国累计保护地理标志产品 2508 个，以地理标志作为集体商标、证明商标注册达到 7277 件，是新时代我国地理标志保护探索的新起点。

图 1-1　原地理标志商标专用标志样式

图 1-2　地理标志专用标志样式

（二）地理标志商标法保护模式的核心制度

1. 商标法保护制度中地理标志的注册

商标法保护制度对于不真实的地理标志禁止注册的规则，主要体现在《商标法》第 10 条第 2 款和第 16 条第 1 款与《商标法实施条例》第 4 条中。《商标法》第 10 条第 2 款杜绝了地理标志注册为普通商标的可能性，对地理标志起到间接保护作用；同时对地名商标作出两个例外规定，一是地名具有其他含义的可以注册为商标，二是如果地名作为组成部分存在集体商标、证明商标之中也可以通过注册成为商标。在《商标法》第 16 条第 1 款中，对可能误导公众的虚假地理来源进行禁止，由于地理标志具有指示商品的地理来源的功能，故对于不利于地理标志发挥此种功能、导致消费者混淆和误认的，商标法必须予以阻止；对于一些因历史原因，本来具有地理标志性质的地名在此前已经被注册为普通商标，且属于“善意”注册的，商标法应该予以继续保护。[①]

2. 商标法保护制度中地理标志的管理与使用

我国现行商标法体系中关于地理标志的立法分别为《商标法》《商标法实施条例》《集体商标、证明商标注册和管理办法》，具体包括地理标志的定义、保护方式、使用人，以及地理标志的构成与使用管理规定。

《商标法》规定了集体商标和证明商标的具体内涵，地理标志可以申请为集体商标或证明商标。[②] 集体商标与证明商标性质均为标志，集体商标的申请主体包括事业单位、团体、协会等组织，活动范围主要为商事活动，作用为表明该组织中的成员资格；证明商标的控制主体为具有监督和检测能力的专业机构，使用该商品与服务的主体为该组织以外的单位或者个人，作用为证明该商品或服务的特定品质（包括原产地、原料、制造方法、质量等）。同时《商标法实施条例》中也指出，符合使用以地理标志作为证明商标注册的商品，控制主体无权禁止；符合使用该地理标志条件的商品，有权参加以该地理标志作为集体商标注册的团体、协会或者其他

① 参见于波：《地理标志保护制度》，上海人民出版社 2018 年版，第 141—142 页。

② 《商标法》第 3 条规定：……本法所称集体商标，是指以团体、协会或者其他组织名义注册，供该组织成员在商事活动中使用，以表明使用者在该组织中的成员资格的标志。本法所称证明商标，是指由对某种商品或者服务具有监督能力的组织所控制，而由该组织以外的单位或者个人使用于其商品或者服务，用以证明该商品或者服务的原产地、原料、制造方法、质量或者其他特定品质的标志……。

组织。[①]

使用管理规定主要分为两个部分，即集体商标的使用管理规则与证明商标使用管理规则。前者涵盖集体商标在使用时应该遵循的宗旨、赋予集体商标的商品品质、集体商标在使用时需要的手续、集体商标在使用时所包含的权利和义务、主体在使用时违反管理规则应负的责任、注册主体检验监督所使用的集体商标商品的制度；后者涵盖证明商标在使用时应该遵循的宗旨、赋予证明商标的商品的特定品质、证明商标在使用时应该满足的条件、证明商标在使用时需要的手续、证明商标在使用时所包含的权利和义务、主体在使用时违反管理规则应负的责任、注册主体检验监督所使用的证明商标商品的制度。[②]

3. 商标法保护制度中地理标志的审查

审查规则包括对商品特定品质使用的审查与申请人主体资格的审查。一方面，对商品特定品质使用的审查。地理标志集体商标、证明商标使用商品在特征上具有质量、信誉以及其他特征方面的要求，不具有所要求的

① 《商标法实施条例》第 4 条第 2 款规定：以地理标志作为证明商标注册的，其商品符合使用该地理标志条件的自然人、法人或者其他组织可以要求使用该证明商标，控制该证明商标的组织应当允许。以地理标志作为集体商标注册的，其商品符合使用该地理标志条件的自然人、法人或者其他组织，可以要求参加以该地理标志作为集体商标注册的团体、协会或者其他组织，该团体、协会或者其他组织应当依据章程接纳为会员；不要求参加以该地理标志作为集体商标注册的团体、协会或者其他组织的，也可以正当使用该地理标志，该团体、协会或者其他组织无权禁止。

② 《集体商标、证明商标注册和管理办法》第 10 条规定：集体商标的使用管理规则应当包括：使用集体商标的宗旨；使用该集体商标的商品的品质；使用该集体商标的手续；使用该集体商标的权利、义务；成员违反其使用管理规则应当承担的责任；注册人对使用该集体商标商品的检验监督制度。第 11 条规定：证明商标的使用管理规则应当包括：使用证明商标的宗旨；该证明商标证明的商品的特定品质；使用该证明商标的条件；使用该证明商标的手续；使用该证明商标的权利、义务；使用人违反该使用管理规则应当承担的责任；注册人对使用该证明商标商品的检验监督制度。第 12 条规定：使用他人作为集体商标、证明商标注册的葡萄酒、烈性酒地理标志标示并非来源于该地理标志所标示地区的葡萄酒、烈性酒，即使同时标出了商品的真正来源地，或者使用的是翻译文字，或者伴有诸如某某“种”、某某“型”、某某“式”、某某“类”等表达的，适用商标法第 16 条的规定。

条件将依据《商标法》第16条第2款予以驳回。另一方面，对申请人主体资格的审查。此方面的审查具体包括主体资格证明文件与申请人监督检测能力证明材料。对于主体资格证明文件，申请人主体资格证明文件指社团法人、事业单位法人、企业法人的法人证书等。主体资格证明文件审查注意事项：其一，申请注册地理标志的主体包括社团法人，同时包括具有事业法人证书或营业执照、不以营利为目的、具有监督管理能力的科研和技术推广机构、质量检测机构或者产销服务机构等团体、协会或者其他组织。目前，个体劳动者协会、个体私营企业协会、农民专业合作社不能作为地理标志的申请主体。其二，法人证书上的申请人业务（营业）范围应包含申请人监督管理该地理标志的内容，如从事地理标志产品技术研究、普及、培训服务等。同时，申请人不能从事地理标志产品的生产、经营，以保证其管理地理标志的公正性。其三，外国申请人需要具备提供地理标志在原属国受法律保护的证明条件，以及申请人主体资格证明文件的公证认证件。对于申请人监督检测能力证明材料，出具授权文件的部门需要为地理标志所标示地区县级以上人民政府或者行业主管部门。地理标志的注册人是地理标志的监督管理者，除必须有相应的监督能力外，还应有检测能力。申请人具备检测能力的，需要提交下列材料：申请人所具有的资质证书复印件；申请人所具有的专业检测设备清单和专业技术人员名单并附技术人员证书。如果自身没有检测能力，可以通过签署委托协议委托有资质的机构代为检测，同样视为其具有检测能力。申请人委托他人检测的，需要提交下列材料：申请人与具有检测资格的机构签署的委托检测合同原件；委托机构的资质证书复印件；受委托机构的单位法人证书的复印件。

4. 商标法保护制度中违法使用地理标志的法律责任

关于注册商标专用权的规定均可适用于地理标志集体商标、证明商标，实践中违法使用地理标志可能面临民事责任、行政责任和刑事责任。

民事责任方面[①]，《商标法》就侵犯注册商标专用权的规定了赔偿责任，侵犯商标专用权的赔偿数额按照权利人因被侵权所受到的实际损失确定；实际损失难以确定的，可以按照侵权人因侵权所获得的利益确定；权利人的损失或者侵权人获得的利益难以确定的，参照该商标许可使用费的倍数合理确定。对恶意侵犯商标专用权的规定了惩罚性赔偿，情节严重的，可以在按照上述方法确定数额的一倍以上五倍以下确定赔偿数额。赔偿数额应当包括权利人为制止侵权行为所支付的合理开支。权利人因被侵权所受到的实际损失、侵权人因侵权所获得的利益、注册商标许可使用费难以确定的，由人民法院根据侵权行为的情节判决给予五百万元以下的赔偿。

行政责任方面，《集体商标、证明商标注册和管理办法》设定了两类行政责任。一类是集体商标、证明商标注册人没有对该商标的使用进行有效管理或者控制，致使该商标使用的商品达不到其使用管理规则的要求，对消费者造成损害的，由工商行政管理部门责令限期改正；拒不改正的，处以违法所得三倍以下的罚款，但最高不超过三万元；没有违法所得的，处以一万元以下的罚款。另一类是违反《商标法实施条例》第 6 条（不合理阻止他人使用）、《集体商标、证明商标注册和管理办法》第 14 条（未及时变更成员）、第 15 条（非法转让）、第 17 条（违法使用）、第 18 条（不合理阻止他人使用）、第 20 条（在自己提供的商品上使用）规定的，由工商行政管理部门责令限期改正；拒不改正的，处以违法所得三倍以下的罚款，但最高不超过三万元；没有违法所得的，处以一万元以下的罚款。

刑事责任方面，依据《刑法》第 213 条、第 214 条、第 215 条规定，未经注册商标所有人许可，在同一种商品、服务上使用与其注册商标相同的商标，构成假冒注册商标罪；销售明知是假冒注册商标的商品的，构成销售假冒注册商标的商品罪；伪造、擅自制造他人注册商标标识或者销售

① 参见《商标法》第 57 条。

伪造、擅自制造的注册商标标识，构成非法制造、销售非法制造的注册商标标识罪；上述三种情形，情节严重、违法所得数额较大或者有其他严重情节的，处三年以下有期徒刑，并处或者单处罚金；情节特别严重、违法所得数额巨大或者有其他特别严重情节的，处三年以上十年以下有期徒刑，并处罚金。

二、地理标志产品保护模式

地理标志产品保护模式，是指原国家质量监督检验检疫总局以《地理标志产品保护规定》《地理标志产品保护规定实施细则（暂行）》以及国家知识产权局《地理标志产品保护办法》为根据，对我国的地理标志产品进行保护，对地理标志产品名称和专用标志进行规范使用，保证地理标志产品的质量和特色的模式，是与地理标志商标法保护模式并行的另一种保护模式。

（一）地理标志产品保护模式的发展历程

1. 初步构建：将地理标志纳入原产地域产品保护范围

我国在加入《保护工业产权巴黎公约》（以下简称《巴黎公约》）之后，为履行公约义务，逐渐重视对地理标志的法律保护。由于对优质原产地域产品没有采取及时保护的措施，我国在国际贸易交易中产生严重经济损失，1985 年，《巴黎公约》要求我国积极回应条约义务，对虚假表述产品产地商业行为进行制止并且保护成员国原产地名称和地理标志。为回应《巴黎公约》原产地名称保护义务、适应我国出口产品原产地保真需求，1992 年，国务院制定《中华人民共和国出口货物原产地规则》（2004 年更名为《中华人民共和国进出口货物原产地条例》），明确由各地出入境检验检疫部门签发我国出口货物的原产地证书。与此同时，为规范国内市场竞争秩序、维护消费者利益，1993 年，通过《中华人民共和国产品质量法》（以下简称《产品质量法》）、《中华人民共和国消费者权益保护法》（以下简称《消费者权益保护法》）和《中华人民共和国反不正当竞争法》（以下简称《反不正当竞争法》）三部法律规制伪造产地和其他假冒原产地的行为。[①] 为尽快与 TRIPS 协定等国际惯例接轨、加强与其他国家和地区的双边对话，以《产品质量法》为依据，1999 年，原国家质量技术监督局[②]主导制定《原产地域产品保护规定》，规定原产地域产品的定义、明确认定标准，建立独立于商标法的地理标志产品保护制度，这标志着地理标志产品保护制度初步确立且兼具中国特色。为满足符合强制性国家标准的需要，同年 12 月，原国家质量技术监督局颁布《原产地域产品通用要求》作为保护原产地命名及地理指示法规，该标准对原产地域产品作出具体定义，对其保护采取两类审批和两级审查的模式。2000 年，“绍兴酒”被列为我国首个原产地域产品加以监管保护，同年，原国家出入境检验检疫局[③]颁布《原产地标记管理规定》和《原产地标记管理规定实施办法》，崭新的原产地标记管理制度问世，以上法律文件保护的原产地标记包括原产国标记和地理标志，两个部门保护的对象比较雷同，原产地标记是将货源标记与地理标志均作为保护对象，而与其他国家使用的原产地标记差异较大；[④] 同年 4 月，国务院机构改革中，原国家出入境检验检疫局与原国家质量技术监督局合并组成新的国家质量监督检验检疫总局，原产地产品保

---

① 参见管育鹰：《地理标志保护：国际协调与国内制度完善》，载《贵州省党校学报》2023 年第 4 期。

② 2018 年 3 月，根据第十三届全国人民代表大会第一次会议批准的国务院机构改革方案，将国家质量监督检验检疫总局的原产地地理标志管理职责整合，重新组建中华人民共和国国家知识产权局；不再保留中华人民共和国国家质量监督检验检疫总局。

③ 国家出入境检验检疫局于 1998 年在国务院机构改革中组建，“中国国家出入境检验检疫局”后与“中国国家质量技术监督局”合并总称“国家质量监督与检验检疫总局”，简称“质检总局”。

④ 参见陈晖、伽红凯、高芳：《国内外地理标志保护管理体制的演变与趋势》，载《世界农业》2021 年第 10 期。

护与原产地标记管理均交由国家质量监督检验检疫总局统一负责。

2. 基本形成：为地理标志产品设置独立保护框架

2005 年，根据《产品质量法》、《中华人民共和国标准化法》（以下简称《标准化法》）、《中华人民共和国进出口商品检验法》（以下简称《进出口商品检验法》）等有关规定，原国家质量监督检验检疫总局[①]制定了《地理标志产品保护规定》，其是我国第一部将“地理标志”作为保护对象的部门规章，建立了“地理标志产品”审批的保护体系。《地理标志产品保护规定》对地理标志产品的定义、申请条件和程序、地理标志产品的管理规范等内容作出规定，《原产地域产品保护规定》同时废止，原国家出入境检验检疫局公布的《原产地标记管理规定》《原产地标记管理规定实施办法》中对地理标志的规定与现行规定不一致的，以现行规定为准，由此，地理标志产品保护模式正式形成。2009 年，原国家质量监督检验检疫总局又制定颁布了《地理标志产品工作细则》，进一步细化地理标志产品保护。2016 年，原国家质量监督检验检疫总局发布实施《国外地理标志产品保护办法》，根据对等原则保护在中国销售的国外地理标志产品。2020 年 4 月 3 日，国家知识产权局发布《地理标志专用标志使用管理办法（试行）》，原地理标志保护产品专用标志（如图 1-3 所示）停用，此后地理标志保护产品统一使用专用标志样式（如图 1-4 所示）。2023 年 12 月 29 日，国家知识产权局发布《地理标志产品保护办法》，在推进地理标志统一立法的同时先对《地理标志产品保护规定》涉及的认定、管理和保护内容进行完善。

① 2018 年 3 月，根据第十三届全国人民代表大会第一次会议批准的国务院机构改革方案，将国家质量监督检验检疫总局的原产地地理标志管理职责整合，重新组建中华人民共和国国家知识产权局；不再保留中华人民共和国国家质量监督检验检疫总局。

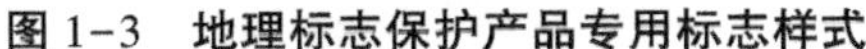

图 1-3　地理标志保护产品专用标志样式

图 1-4　地理标志专用标志样式

（二）地理标志产品保护模式的核心制度

1. 地理标志产品保护的申请与审查

根据《地理标志产品保护办法》规定，地理标志产品保护模式针对的产品系来自该地区的种植、养殖产品，以及原材料全部来自本地区或部分来自其他地区、并在本地区按照特定工艺生产和加工的产品。该模式是以当地县级以上人民政府或者其指定的具有代表性的社会团体、保护申请机构为申请主体，从以上条件可以看出，政府在地理标志产品的保护中发挥了主导作用。地理标志产品保护对提升特色产品质量、促进区域经济发展发挥着越来越大的作用。申请主体方面，包括三类申请主体：第一，县级以上人民政府；第二，县级以上人民政府指定的具有代表性的社会团体；第三，县级以上人民政府指定的地理标志产品保护申请机构。申请程序方面，国内地理标志产品保护的申请程序为由申请人先向省级知识产权管理部门提出申请，经后者初审合格后提交国家知识产权局受理。2019 年 12 月 3 日，国家知识产权局地理标志产品保护申请电子受理平台正式上线，方便申请人通过网上进行电子申请。

对受理的地理标志产品保护申请，国家知识产权局组织开展技术审查，具体由国家知识产权局设立的地理标志产品专家审查委员会负责，主要包括会议审查和必要的产地核查。国家知识产权局按照地理标志产品的分类特点设立相应的专家、建立地理标志专家库、设立相应的专家审查委员会，审查时视需要选择并听取专家意见。主要审查产品名称是否符合《地理标志产品保护办法》的规定；产品的品质、特色和声誉是否能够体现该地区的自然环境和人文因素，有一定知名度，并具有稳定的质量，生产历史较长；加工的产品是否采用特定工艺；其产地保护范围是否为公认的或协商一致的，并经所在地方政府确认的；涉及安全、卫生、环保的产品是否符合国家同类产品的强制性规范的要求等方面。

2. 地理标志产品保护的具体要求

地理标志产品保护具有三个方面的要求，具体包括名称的要求、构成要件的要求以及产地范围的要求。第一，对于地理标志保护产品名称的要求。《地理标志产品保护办法》第 7 条规定，地理标志产品名称可以是由具有地理指示功能的名称和反映产品真实属性的通用名称构成的组合名称，也可以是具有长久使用历史的约定俗成的名称。第二，对应地理标志构成要件的要求。《地理标志产品保护办法》首次以部门规章形式确立了地理标志的四项构成要件，在第 3 条中规定地理标志产品应当具备真实性、地域性、特异性和关联性。真实性是地理标志产品的名称经过长期持续使用，被公众普遍知晓。地域性是地理标志产品的全部生产环节或者主要生产环节应当发生在限定的地域范围内。特异性是产品具有较明显的质量特色、特定声誉或者其他特性。关联性是产品的特异性由特定地域的自然因素和人文因素所决定的。第三，对地理标志保护产品产地范围的确定。《地理标志产品保护办法》第 10 条规定，申请保护的产品产地在县域范围内的，由县级以上人民政府提出产地范围的建议；跨县域范围的，由共同的上级地方人民政府提出产地范围的建议；跨地市范围的，由有关省级人民政府提出产地范围的建议；跨省域范围的，由有关省级人民政府共同提出产地范围的建议。申请地理标志保护的产品的产地范围通常就是该产品的出产地范围，而这个出产地范围可能全部处于某个县的行政区域内，也可能处于两个县的行政区域内，甚至有可能处于两个市的行政区域内，因此申请地理标志保护的产品的产地范围就可能会由不同级别的政府提出产地范围的建议。总之，申请地理标志产品保护就是要求产品是“最正宗”的土特产，既要反映出产地的水土、气候等地理环境或者产地的传统工艺特点，还要满足环保、卫生等条件。[①]

3. 地理标志产品的保护体系

《地理标志产品保护办法》第 17 条规定了地理标志产品的保护体系，包括标准体系、检测体系和质量保障体系。标准体系包括根据产品产地范围、类别、知名度等方面的因素，制定的国家标准、地方标准、团体标准，但标准不得改变保护要求中认定的名称、产品类型、产地范围、质量特色等强制性规定，地理标志产品生产者应当按照相应标准组织生产。检测体系和质量保障体系包括由具备相关资质条件的检验检测机构对地理标志产品特色质量检验检测，在申请时提交地理标志产品特色质量检验检测报告，必要时由国家知识产权局组织检验检测机构进行复检，地方知识产权管理部门负责对本行政区域内受保护地理标志产品的质量特色进行日常监管。

4. 地理标志产品保护制度中违法使用地理标志的法律责任

《地理标志产品保护办法》涉及行政执法的，继续按照原规章相关条款执行，因此地理标志产品保护的法律责任，应当依据《地理标志产品保护规定》和《地理标志产品保护办法》执行。具体违法类型有：

法律责任方面，《地理标志产品保护规定》所涉及的法律责任仅有行政责任。对于擅自使用或伪造地理标志名称及专用标志的，不符合地理标志产品标准和管理规范要求而使用该地理标志产品的名称的，或者使用与专用标志相近、易产生误解的名称或标识及可能误导消费者的文字或图案标志，使消费者将该产品误认为地理标志保护产品的行为，质量技术监督

① 参见胡海容：《地理标志申请与保护实务》，国防工业出版社 2016 年版，第 111—113 页。

部门和出入境检验检疫部门将依法进行查处。获准使用地理标志产品专用标志资格的生产者，未按相应标准和管理规范组织生产的，或者在 2 年内未在受保护的地理标志产品上使用专用标志的，原国家质量监督检验检疫总局将注销其地理标志产品专用标志使用注册登记，停止其使用地理标志产品专用标志并对外公告。比如，涉及其他违法行为的，还可依据《产品质量法》《标准化法》《进出口商品检验法》等有关法律予以行政处罚。如果地理标志产品申请、使用过程中违反了其他法律规定的，同样可能面临民事责任、行政责任和刑事责任。[①]

第一，违法使用地理标志名称或地理标志专用标志的，依据相关法律法规处理。《地理标志产品保护办法》第 30 条列举了几种具体行为：（1）在产地范围外的相同或者类似产品上使用受保护的地理标志产品名称的；（2）在产地范围外的相同或者类似产品上使用与受保护的地理标志产品名称相似的名称，误导公众的；（3）将受保护的地理标志产品名称用于产地范围外的相同或者类似产品上，即使已标明真实产地，或者使用翻译名称，或者伴有如“种”“型”“式”“类”“风格”等之类表述的；（4）在产地范围内的不符合地理标志产品标准和管理规范要求的产品上使用受保护的地理标志产品名称的；（5）在产品上冒用地理标志专用标志的；（6）在产品上使用与地理标志专用标志近似或者可能误导消费者的文字或者图案标志，误导公众的；（7）销售上述产品的；（8）伪造地理标志专用标志的；（9）其他不符合相关法律法规规定的。

第二，获准使用地理标志专用标志的生产者不符合相关要求的，国家知识产权局注销地理标志专用标志使用注册登记，停止使用地理标志专用标志并发布公告。《地理标志产品保护办法》第 31 条列举了几种具体情形：（1）营业执照已注销或者被吊销的；（2）相关生产许可证已注销或者

① 参见胡海容：《地理标志申请与保护实务》，国防工业出版社 2016 年版，第 54 页。

被吊销的；(3) 已迁出地理标志产品产地范围的；(4) 不再从事该地理标志产品生产的；(5) 未按相应标准组织生产且限期未改正的；(6) 在 2 年内未在受保护的地理标志产品上使用专用标志且限期未改正的。

第三，地理标志产品生产者违反有关产品质量、标准方面规定的法律责任，具体依据《产品质量法》《标准化法》等有关法律予以行政处罚。

第四，不正当竞争行为的法律责任。《地理标志产品保护办法》第 33 条规定将受保护的地理标志产品名称作为企业名称中的字号使用，误导公众，构成不正当竞争行为的，依据《反不正当竞争法》处理。

第五，工作人员法律责任。《地理标志产品保护办法》第 34 条规定对从事地理标志产品管理和保护工作以及其他依法履行公职的人员玩忽职守、滥用职权、徇私舞弊、弄虚作假、违法违纪办理地理标志产品管理和保护事项，收受当事人财物，牟取不正当利益的，依法依纪给予处分；构成犯罪的，依法追究刑事责任。

三、农产品地理标志保护模式

农产品地理标志保护模式是我国地理标志保护“三元模式”之一。我国作为农业生产大国，农产品地理标志的发展基础得天独厚。为了有效促进农产品地理标志保护发展，我国开始不断探索农产品地理标志的保护机制，形成了以农业农村部为主导的以《农产品地理标志管理办法》为主要依据的“农产品地理标志”登记保护体系。

（一）农产品地理标志保护模式的发展历程

1. 初步构建：首次出现农产品地理标志表述

2002 年 12 月，《农业法》进行修订，其中首次出现农产品地理标志的表述，即第 23 条规定：“国家支持依法建立健全优质农产品认证和标志制度。国家鼓励和扶持发展优质农产品生产。县级以上地方人民政府应当结合本地情况，按照国家有关规定采取措施，发展优质农产品生产。符合国家规定标准的优质农产品可以依照法律或者行政法规的规定申请使用有关的标志。符合规定产地及生产规范要求的农产品可以依照有关法律或者行政法规的规定申请使用农产品地理标志。”

2. 基本形成：建立农产品地理标志管理体系

2007 年 12 月，原农业部发布《农产品地理标志管理办法》，进一步规范了农产品地理标志的使用，旨在保证地理标志农产品应当具有独特的品质和特色，提升我国农产品在消费市场上的竞争力。该办法标志着我国政府首次以农产品字样的部门规定对我国境内的地域农产品实施保护。

为了保证农产品地理标志登记工作的科学性和公正性，2008 年原农业部根据《农产品质量安全法》《农产品地理标志管理办法》等有关法律法规组织制定了《农产品地理标志登记程序》和《农产品地理标志使用规范》，开始启动农产品地理标志登记认定、使用规范工作。《农产品地理标志登记程序》确认了登记申请人的资格条件，并对申请登记的农产品地域范围、质量控制技术规范、申请登记农产品的产地环境和品质鉴定、登记申请材料文件，以及评审公示流程等作出了详细说明。《农产品地理标志使用规范》细化了农产品地理标志使用规则，并提出农产品地理标志实行公共标识与地域产品名称相结合的标注制度。该公共标识基本图案由中华人民共和国农业部中英文字样、农产品地理标志中英文字样和麦穗、地球、日月图案等元素构成。公共标识基本组成色彩为绿色（C100Y90）和橙色（M70Y100）。除此之外，该规范具体列明了标志使用申请材料文件、农产品地理标志使用协议、农产品地理标志印刷与管理制度、农产品地理标志使用档案等农产品地理标志实际运用的相关要求。同年 7 月 1 日，原农业部发布第 1054 号公告，称其根据相关规定对乌海市植保植检站等单位申请的乌海葡萄等 28 个农产品进行了初审、专家评审，认为该 28 个农产品符合农产品地理标志登记程序和条件，准予登记，并颁发农产品地理标志登记证书。在第 1054 号农产品地理标志公告信息中，首批符合农产品地理标志登记条件的 28 个产品被公布，山西省的“黎城核桃”成为原农业部第一个编号产品（AGI00001）。[①]

2013 年，原农业部农产品质量安全中心发布《农产品地理标志登记专家评审规范》《农产品地理标志登记审查准则》《全国农产品地理标志核查员注册管理办法》，对农产品地理标志专家评审、登记审查和核查员注册管理工作提出严格规范，保障农产品地理标志的各项工作有序进行。2014 年，该中心印发《农产品地理标志登记审查若干问题的说明》《无公害农产品认证和农产品地理标志登记服务工作满意度评价办法（试行）》以及《无公害农产品获证单位诚信管理办法（试行）》等文件，落实全国农产品质量安全监管暨“三品一标”工作有关精神，把关农产品地理标志登记审查工作，打造农产品地理标志品牌，维护农产品地理标志知识产权，促进农产品地理标志事业持续健康发展。其中，《农产品地理标志登记审查若干问题的说明》就有关问题广泛征求意见，对农产品受理、地域范围交叉、特殊地理区域名称申报、品种、名称或主体变更、品质鉴定等问题作出了解答。以上规范是我国农产品地理标志工作的重要遵循，对相关管理与保护体系的建立起到了重要作用。

2018 年，原农业部发布《关于调整无公害农产品认证、农产品地理标志审查工作的通知》，农产品地理标志登记的审查与专家评审工作由原农业部农产品质量安全中心改由中国绿色食品发展中心负责，原农产品地理标志公共标识中的“中华人民共和国农业部”相应更换为“中华人民共和国农业农村部”（如图 1-5、图 1-6 所示）。

---

① 参见中华人民共和国农业部：中华人民共和国农业部公告第 1054 号，载《中华人民共和国农业部公报》2008 年第 7 期。

图 1-5 原农产品地理标志公共标识

图 1-6 农产品地理标志公共标识

2021 年，为推进农产品地理标志事业高质量发展，中国绿色食品发展中心对农产品地理标志登记有关规范文件进行了梳理，并组织修订编制了《农产品地理标志登记产品名称规范》等 9 项技术规范，完善了《登记申请书》和《农产品地理标志核查员注册管理办法》。其中，《农产品地理标志登记产品名称规范》科学界定和规范了农产品地理标志产品名称，对地理区域名称和农产品通用名称作出了详细说明，该规范代替并废止原《农产品地理标志产品名称审查规范》；《农产品地理标志登记申请人资格确定规范》明确了农产品地理标志登记申请人的资格条件，切实维护生产经营者的共同利益，该规范代替并废止原《农产品地理标志登记申请人资格确认评定规范》；《农产品地理标志登记生产地域范围确定规范》规范了农产品地理标志生产地域范围确定工作，提出生产地域范围确定应遵循的基本原则，促进生产地域范围准确、科学，该规范代替并废止原《农产品地理标志登记产品生产地域分布图绘制规范》；《农产品地理标志登记产品外在感官特征鉴评规范》为农产品地理标志申请登记产品外在感官特征鉴评工作提供指导，该规范代替并废止原《农产品地理标志产品感官品质鉴评规范》；《农产品地理标志登记产品抽样检测技术规范》详细规范了农产品地理标志申请登记产品抽样和检测工作，提出应进行抽样检测的申请登记产品须是内在特色品质显著的，该规范代替并废止原《农产品地理标志产品品质鉴定抽样检测技术规范》；《农产品地理标志登记现场核查规范》严格规范了农产品地理标志登记现场核查工作程序，对核查工作的具体流程作出要求，展开核查工作要根据核查内容制定《农产品地理标志登记现场核查方案》，保证现场核查工作质量，该规范代替并废止原《农产品地理标志现场核查规范》；《农产品地理标志登记证书变更规范》适用于因登记证书持有人、产品生产地域范围或相应自然生态环境发生变化等而提出的农产品地理标志登记证书变更；《农产品地理标志登记审查准则》规定了农产品地理标志登记审查工作，保证农产品地理标志登记审查工作质量，并提供农产品地理标志登记保护产品目录，该准则代替并废止原《农产品地理标志登记审查准则》；《农产品地理标志登记专家评审规范》根据《农产品地理标志管理办法》和《全国农产品地理标志登记专家评审委员会章程》制定，保障专家评审科学性、公正性和权威性，该规范代替并废止原《农产品地理标志登记专家评审规范》。

3. 改革发展：停止农产品地理标志登记工作

2018 年 3 月，根据第十三届全国人民代表大会第一次会议批准的国务院机构改革方案，为了加强党对“三农”工作的集中统一领导，坚持以农业农村为优先发展方向，统筹实施乡村振兴战略，推动农业全面升级、农村全面进步、农民全面发展，加快实现农业农村现代化，将中央农村工作领导小组办公室的职责、农业部的职责，以及国家发展和改革委员会的农业投资项目、财政部的农业综合开发项目、国土资源部的农田整治项目、水利部的农田水利建设项目等管理职责整合，组建农业农村部作为国务院组成部门，即国务院将组建农业农村部，不再保留农业部。① 农业农村部作为新的机构，统筹研究和组织实施“三农”工作战略、规划和政策，监督管理畜牧渔农等产业，仍然主导农产品地理标志建设工作。

2022 年 11 月，中华人民共和国农业农村部发布第 623 号公告：经研

---

① 《中共中央印发〈深化党和国家机构改革方案〉》，载共产党员网 2018 年 3 月 21 日，https：//news. 12371. cn/2018/03/21/ARTI1521620729437264. shtml。

究，我部决定废止中华人民共和国农业部公告第1071号（2008年8月1日发布）中的《农产品地理标志登记程序》，自本公告发布之日起执行。[①] 至此，农业农村部停止了农产品地理标志登记的工作，包括2022年度制定的农产品地理标志登记等实施规划。

（二）农产品地理标志保护模式的核心制度

农产品地理标志保护模式的实施主要以《农产品地理标志管理办法》为依据。该办法详细说明了农产品地理标志保护模式的具体规则，包括定义、申请登记、标志使用、监督管理等实际流程要求。关于农产品以及农产品地理标志的定义，根据《农产品地理标志管理办法》第2条规定，农产品是指来源于农业的初级产品，即在农业活动中获得的植物、动物、微生物及其产品；农产品地理标志是指标示农产品来源于特定地域，产品品质和相关特征主要取决于自然生态环境和历史人文因素，并以地域名称冠名的特有农产品标志。

1. 农产品地理标志主管部门与职责

农业农村部是全国农产品地理标志登记工作的主管部门。除了负责登记工作，农业农村部设立农产品地理标志登记专家评审委员会，并按期对农产品地理标志登记进行评审。[②] 中国绿色食品发展中心作为农业农村部的直属单位，对相关登记工作进行程序性审查，同时也负责专家评审工作。在省级行政区域内，省级人民政府的农业行政主管部门是该地区的农产品地理标志管理部门，负责其地方范围内的农产品地理标志登记申请的受理以及初审工作。

2. 农产品地理标志登记与申请

农产品地理标志实行登记制度，即申请农产品地理标志要进行相应的

---

① 《中华人民共和国农业农村部公告第623号》，载农业农村部网站，https：//www.moa.gov.cn/govpublic/ncpzlaq/202211/t20221121_ 6415870.htm。

② 参见《农产品地理标志管理办法》第11条。

登记。为了鼓励社会各方力量共同参与地理标志农产品的发展和推广，在农产品地理标志申请登记中任何流程都不向申请人收取费用。与此同时，县级以上人民政府的农业行政主管部门积极助推行政区域内有关组织进行申请登记，将农产品地理标志管理经费编入部门年度预算，并将农产品地理标志保护和利用工作作为该地区农业和农村经济发展规划的一部分，持续在农产品地理标志登记工作中加强政策与资金方面的支持力度。[①]

农产品地理标志登记要提出相应申请。农产品地理标志的申请主体以及申请对象的条件是申请程序中的重要判断依据。关于农产品地理标志登记申请人，其应当为县级以上地方人民政府择优确定的具有监督和管理农产品地理标志及其产品的能力、能为地理标志农产品生产、加工、营销提供指导服务，以及具有独立承担民事责任能力的农民专业合作经济组织、行业协会等组织。[②] 由此可知，农产品地理标志的申请主体不包括从事农产品生产的个人和企业。符合农产品地理标志登记条件的申请人可以向省级人民政府农业行政主管部门提出登记申请，并提交包括登记申请书、产品典型特征特性描述和相应产品品质鉴定报告、产地环境条件、生产技术规范和产品质量安全技术规范、地域范围确定性文件和生产地域分布图、产品实物样品或者样品图片、其他必要的说明性或者证明性材料等申请材料。[③]

3. 农产品地理标志审核与公示

农产品地理标志的登记需要经过两次审核，以确保符合该农产品的生产质量规范和有关标准。一次审核由省级人民政府农业行政主管部门负责。自受理农产品地理标志登记申请之日起，省级人民政府农业行政主管部门应当在45个工作日内完成申请材料的初审和现场核查，并提出初审意见。

① 参见《农产品地理标志管理办法》第6条。
② 参见《农产品地理标志管理办法》第8条。
③ 参见《农产品地理标志管理办法》第9条。

如果该农产品地理标志的登记符合条件，则将申请材料以及出具的初审意见报送至农业部农产品质量安全中心（2018 年后改由中国绿色食品发展中心）；不符合条件的，应当在提出初审意见之日起 10 个工作日内将相关意见和建议通知申请人。[①] 另一次审核则交由农业部农产品质量安全中心（2018 年后改由中国绿色食品发展中心）完成。农业部农产品质量安全中心（2018 年后改由中国绿色食品发展中心）应当自收到申请材料和初审意见之日起 20 个工作日内，对申请材料进行审查，提出审查意见，并组织专家评审。该专家评审工作由农产品地理标志登记评审委员会承担，农产品地理标志登记专家评审委员会在评审时应当独立作出评审结论，并对评审结论负责。

审核评审完毕之后，农业部农产品质量安全中心（2018 年后改由中国绿色食品发展中心）将在农民日报、中国农业信息网、中国农产品质量安全网等媒体上对社会进行为期 10 日的公示，公示内容包括登记的产品名称、登记申请人、登记的地域范围和相应的质量控制技术规范等。有关单位和个人有异议的，应当自公示截止日起 20 日内向农业部农产品质量安全中心（2018 年后改由中国绿色食品发展中心）提出。公示无异议的，由农业农村部作出登记决定并公告，颁发《中华人民共和国农产品地理标志登记证书》，公布登记产品相关技术规范和标准。[②]

4. 农产品地理标志标注与使用

在标注方面，农产品地理标志必须结合公共标识与地域产品名称进行标注，该标注制度排除了单纯图形标识在农产品地理标志中的使用。在使用方面，申请使用农产品地理标志的单位或个人必须生产经营产自登记确定的地域范围内的农产品，同时已经取得登记农产品相关的生产经营资质，

① 参见《农产品地理标志管理办法》第 10 条。
② 参见《农产品地理标志管理办法》第 12 条。

能够严格按照规定的质量技术规范组织开展生产经营活动，并具有地理标志农产品市场开发经营能力。[①] 满足了以上条件，该单位或个人才可以申请使用农产品地理标志。由于农产品地理标志的申请登记不用缴费，申请使用也是不收费的，因此，农产品地理标志登记证书持有人也不得向农产品地理标志使用人收取使用费。取得使用资格后，使用人拥有在其生产经营的农产品及其包装上使用农产品地理标志的权利，并且可以使用登记的农产品地理标志进行宣传和参加展览、展示及展销。[②] 为了维护地理标志农产品的品质和信誉，农产品地理标志的使用人负有接受登记证书持有人的监督检查的义务，保证在生产经营过程中正确规范地使用农产品地理标志。[③]

5. 农产品地理标志监督与管理

为了保障农产品地理标志在生产经营过程中的合法使用，国家对其进行统一监督和管理。在监督农产品地理标志使用过程中，农业农村部一旦发现申请地理标志登记的农产品不再符合相应条件和农产品地理标志登记证书持有人不再满足全部条件，可以将该农产品的地理标志登记证书进行注销并予以公告。县级以上人民政府农业行政主管部门负责其区域内的农产品地理标志的监督工作，应定期检查对登记的地理标志农产品的地域范围、标志使用。[④] 此外，生产经营地理标志农产品应当建立质量控制追溯体系，农产品地理标志登记证书持有人和标志使用人应当保证地理标志农产品的质量和信誉。[⑤] 同时，国家鼓励单位和个人对农产品地理标志进行社会监督。在农产品地理标志管理过程中，如发现从事农产品地理标志登

---

① 参见《农产品地理标志管理办法》第 15 条。
② 参见《农产品地理标志管理办法》第 16 条。
③ 参见《农产品地理标志管理办法》第 17 条。
④ 参见《农产品地理标志管理办法》第 18 条。
⑤ 参见《农产品地理标志管理办法》第 19 条。

记管理和监督检查的工作人员出现滥用职权、玩忽职守、徇私舞弊的情况时，应当对其依法给予处分；如其涉嫌犯罪，依法移送司法机关追究刑事责任。

第二节　我国地理标志保护模式面临的主要困境

"三元模式"是我国加入世界贸易组织特定背景下建立起来的，该模式对于保护地理标志和实现与国际接轨起到积极作用，但是其弊端突出，"地理标志"定义逻辑混乱，认定和保护制度设计扭曲，彼此缺乏配合支持。[①] 目前，我国对地理标志的"三元模式"各有侧重，这种多头保护模式有效推动了我国地理标志事业的发展，但实践中由于"三元模式"相互独立，导致地理标志保护重叠，造成了地理标志保护的权利纠纷和执法冲突，不利于在国际上持续提升我国地理标志的整体竞争力。

表 1-1　地理标志保护"三元模式"

我国地理标志保护"三元模式"			
名称	地理标志商标法保护模式	地理标志产品保护模式	农产品地理标志保护模式
机构	原国家工商行政管理总局 现国家知识产权局商标局	原国家质量监督检验检疫总局 现国家知识产权局知识产权保护司	原农业部 现农业农村部
法律文件	《商标法》 《集体商标、证明商标注册和管理办法》	《地理标志产品保护规定》 《地理标志产品保护规定实施细则（暂行）》 《地理标志产品保护办法》	《农业法》 《农产品地理标志管理办法》
定义	标示某商品来源于某地区，该商品的特定质量、信誉或者其他特征，主要由该地区的自然因素或者人文因素所决定的标志	产自特定地域，所具有的质量、声誉或者其他特性本质上取决于该产地的自然因素、人文因素的产品	标示农产品来源于特定地域，产品品质和相关特征主要取决于自然生态环境和历史人文因素，并以地域名称冠名的特有农产品标志

① 参见王笑冰：《关联性要素与地理标志法的构造》，载《法学研究》2015 年第 3 期。

续表

我国地理标志保护“三元模式”			
目的	通过商标法律以注册证明商标或集体商标的方式来保护地理标志	保护我国的地理标志产品，规范地理标志产品名称和专用标志的使用，保证地理标志产品的质量和特色	规范农产品地理标志的使用，保证地理标志农产品的品质和特色，提升农产品市场竞争力
申请人	申请人为团体、协会或者其他组织，地理标志所标示地区的人民政府或者行业主管部门授权申请人申请注册并监督管理该地理标志	申请人为产地范围的县级以上人民政府或者其指定的具有代表性的社会团体、保护申请机构	申请人为县级以上地方人民政府根据相应条件择优确定的农民专业合作经济组织、行业协会等组织
标识			
	2020 年 12 月 31 日全面启用		

一、“三元模式”下地理标志类型不统一

在“三元模式”下，由于地理标志保护模式不统一，地理标志出现了管理混乱的问题，主要表现为类型多样、标志不统一以及多头申报。

第一，类型多样。“三元模式”下，地理标志商标通过集体商标或证明商标方式注册，具体表现为“地理标志证明商标”“地理标志集体商标”，再加上“地理标志产品保护”“农产品地理标志”，理论上在认定上同时存在四种类型“地理标志”。虽然各个“地理标志”保护的目的都在于增强产品的竞争力，但立法上类型不统一导致市场认知混乱，不同的申

请与保护体系、多个业务主管部门使普通申请人无法辨别各个地理标志类型之间的关系，为保护地理标志造成困扰。

第二，标志不统一。“三元模式”下长期存在三种不同地理标志专用标志，造成市场混乱。多年以来，我国多种地理标志专用标志并存使用，该情形不仅不利于市场消费者对相关产品的准确识别，也提高了部分生产者的运营管理成本，同时还增大了地理标志监管执法的工作难度。在 2019 年以前，我国地理标志保护方式有三种，“三元模式”下地理标志分别由原国家工商行政管理总局、原国家质量监督检验检疫总局、原农业部三个部门进行不同的注册、登记和管理，对应的地理标志专用标志为地理标志（GI）、国家地理标志保护产品（PGI）、农产品地理标志（AGI），而这三种标志各自又有不同的标注制度。直至 2020 年 4 月 3 日，国家知识产权局的《地理标志专用标志使用管理办法（试行）》中公布了最新的地理标志专用标志官方标志（GI），并宣布废止原来的相关专用标志，进一步推动了地理标志商标和地理标志保护产品的专用标志统一。然而，目前仍然存在地理标志商标和地理标志保护产品使用的“中华人民共和国地理标志”和农产品地理标志使用的“中华人民共和国农业农村部农产品地理标志”两种地理标志专用标志。

第三，多头申报。由于“三元模式”相互独立，申请条件、申请程序和审查标准存在差异，同一种产品可以多头申报不同类型的地理标志，增加了申请成本。各地为了加强地理标志保护，通常追求多头申报，造成社会资源浪费。地理标志的多头申报行为既造成了地理标志注册人及社会公众困惑与混淆，也不利于对地理标志的培育和保护。例如，“荔浦芋”同时申报了地理标志保护产品、地理标志证明商标和农产品地理标志；“金田淮山”既为地理标志证明商标，也是农产品地理标志；“阳朔金桔”于 2006 年获地理标志产品保护，2009 年又获地理标志证明商标保护。此外，以不同的名称多头申请不同类型地理标志的情形同样存在。例如，2011 年

3月，梧州市人民政府获得了“六堡茶”地理标志产品保护；2018年7月23日，梧州市茶产业发展办公室又以“梧州六堡茶”申请注册地理标志证明商标，随后“梧州六堡茶 WUZHOU LIU-PAO TEA”地理标志证明商标注册公告；而广西茶叶协会以“广西六堡茶”登记农产品地理标志，在2020年“广西六堡茶”被批准注册为农产品地理标志登记产品，保护范围为广西产茶的12个市48个县（市、区）539个乡镇（街道）。多个名称进行不同申报，这就造成了地理标志的多头申请、多头管理，体系混乱。因此，对于“三元模式”并行的地理标志管理制度，各个地方要结合本地实际情况与发展特色，选择符合本地发展规划的地理标志保护类型进行申请，避免烦琐的重复申报。

二、“三元模式”下地理标志保护主客体差异

第一，“三元模式”下地理标志保护主体存在区别。地理标志商标的申请主体是“当地的不以赢利为目的团体、协会或者其他组织，一般为社会团体法人、事业单位法人”，其中地理标志集体商标申请主体限于团体、协会等集体性组织[①]，并且地理标志商标申请主体须具有监督商品特定品质的能力，地理标志所标示地区的人民政府或者行业主管部门授权申请人申请注册并监督管理该地理标志；地理标志保护产品的申请主体是“产地范围的县级以上人民政府或者其指定的具有代表性的社会团体、保护申请机构”；[②] 农产品地理标志的申请主体为县级以上地方人民政府根据条件择优确定的农民专业合作经济组织、行业协会等组织，该申请主体要具有监督和管理农产品地理标志及其产品的能力，同时具有为地理标志农产品生产、加工、营销提供指导服务的能力，以及具有独立承担民事责任的能

① 参见《集体商标、证明商标注册和管理办法》第4条。

② 参见《地理标志产品保护办法》第9条。

力。[①] 几种申请主体的区别在于：企业仅能作为地理标志保护产品的申请主体，不能作为其他类型地理标志申请主体，另外实践中出现大量地方政府作为地理标志保护产品申请主体的情形；地理标志集体商标申请主体只限于团体、协会等集体性组织，且申请时需要提供该集体组织成员的名称和地址，申请成功后使用人只能是该集体组织的成员，其他类型地理标志使用人不限于特定成员；农民专业合作经济组织可以作为主体申请地理标志保护产品和农产品地理标志，但不能申请地理标志商标。

第二，“三元模式”下地理标志保护客体存在交叉和区别，主要体现为地理标志商标法保护模式下没有限定具体保护对象；而地理标志产品保护模式下保护对象限于种植、养殖产品、工业品、手工艺品等，是指产自特定地域，所具有的质量、声誉或其他特性本质上取决于该产地的自然因素和人文因素，并经审核批准以地理名称进行命名的产品，包括来自本地区的种植、养殖产品，以及原材料全部来自本地区或部分来自其他地区并在本地区按照特定工艺生产和加工的产品；[②] 农产品地理标志保护模式下保护对象仅限于农产品，该农产品是指农业初级产品，即在农业活动中获得的动植物、微生物及其产品，并且农产品申请地理标志登记须符合下列条件：农产品地理标志的称谓由特定的地理区域名称和农产品通用名称构成、该产品具有独特的品质特性或者特定的生产方式、该产品的品质特色主要取决于特定区域的自然生态环境和人文历史因素、该产品有限定的生产区域范围、该产品的产地环境和产品质量必须符合国家强制性技术规范要求。[③]

---

① 参见《农产品地理标志管理办法》第 8 条。

② 参见《地理标志产品保护办法》第 2 条。

③ 参见《农产品地理标志管理办法》第 7 条。

三、“三元模式”下地理标志与商标冲突

在原工商系统的“地理标志商标法模式”、原质检系统的“地理标志产品保护模式”、原农业部的“农产品地理标志保护模式”所构成的“三元模式”下，多套地理标志保护制度并行存在，往往易出现权利冲突，突出表现为地理标志与商标之间的权利冲突。

第一，在先地名商标与在后地理标志商标注册冲突。在先地名商标主要包括两类：一是由于历史原因，1993 年《商标法》第一次修正以前，大量地名被注册为普通商标且继续有效；二是 1993 年修法后县级以上行政区划地名除有其他含义外，禁止作为普通商标注册，但出现“县级以下地名地理标志的保护缺失”的情况[①]，大量县级以下地名或风景名胜地名被注册为商标，在先地名商标成为地理标志商标注册的障碍。例如，“六堡”原本是梧州市苍梧县一个下辖镇的名称，同时构成了六堡茶产品名称。2011 年，国家批准对六堡茶实施地理标志产品保护；2012 年，“六堡茶”被四川一家企业在“茶”部分核定使用商品上注册为商标，致使梧州六堡茶多年来无法申请地理标志商标。2016 年，六堡茶国家标准发布实施；2017 年，广西老来瘦六堡茶有限公司向原国家工商行政管理总局商标局提出了撤销第 11666678 号“六堡茶”注册商标的申请。在该次申请中提到，“六堡”属于广西壮族自治区梧州市下的一个乡镇地名，构成了“六堡茶”名称的主要部分。申请人提交相关证据称，近年来六堡茶产业繁荣发展，六堡茶已经成为社会各界人士都统一认可的茶的通用名称。2018 年，由于“六堡茶”被认定为通用名称，相关商标被撤销。原国家工商行政管理总局商标局依据“中华人民共和国国家标准 GB/T32719.4－2016”，认为

① 参见冯寿波、陆玲：《我国地理标志法律保护的完善研究——以地名商标可注册性及合理使用为中心》，载《湖北社会科学》2014 年第 9 期。

"六堡茶"应被归入黑茶种类，成为法定的商品通用名称。同时，从申请人提供的相关证据材料可以看出，"六堡茶"已成为茶行业普遍通用的名称且商标注册人并未对其相关商标进行积极维权，导致茶行业内涌现出大量以"六堡茶"命名的公司。因此，根据《商标法》第 49 条及《商标法实施条例》第 65 条的规定，原国家工商行政管理总局商标局决定：撤销隆昌县木星食品厂第 11666678 号第 30 类"六堡茶"商标在"茶"商品上的注册。随后梧州市茶产业发展办公室以"梧州六堡茶"作为地理标志证明商标注册申请，其间经历被异议而无效，但最终于 2021 年 5 月 14 日获得核准注册。2022 年，梧州六堡茶公用品牌价值已达到 37.64 亿元，居广西茶叶类第一位。又如，广西贵港市覃塘区盛产毛尖茶，"覃塘"曾为镇名。1996 年，广西壮族自治区人民政府批准设立覃塘管理区，2003 年 3 月经国务院批准成立县级行政区，即贵港市覃塘区，故 1996 年"覃塘"被区内企业广西贵港市覃塘富伟茶业有限公司在第 30 类茶叶上注册了普通商标。为避免与在先地名商标冲突，贵港市覃塘区农业技术推广中心于 2018 年以"贵港覃塘毛尖"注册地理标志证明商标，但是仍然因存在在先地名商标被驳回。

第二，在先地名商标与地理标志保护产品冲突。典型如"东阿阿胶案"和"金华火腿案"出现地名注册商标和地理标志保护产品（当时为"原产地域产品"）之间的严重冲突。在"东阿阿胶案"[①] 中，2002 年 2 月，原国家质量监督检验检疫总局发布公告称东阿阿胶等一批生产企业的原产地保护申请通过，至此"东阿阿胶"被认定为原产地保护标记获得保护。在公告发布后，东阿阿胶集团认为其所享有"东阿阿胶"商标专用权受到了侵犯，指出"东阿阿胶"是该集团的注册商标，将"东阿阿胶"作

---

① 参见岳善勇：《原产地保护起异议——东阿阿胶集团为自家商标讨说法》，载《甘肃科技纵横》2002 年第 3 期。

为原产地标记保护并不合理。就东阿阿胶而言，虽然其产品来源于东阿县，但东阿阿胶本身具有的品质并不取决于东阿县的自然环境和人文历史因素，而是由东阿阿胶集团独特的生产工艺与良好的运营方式打造而成。东阿阿胶集团认为，从东阿阿胶的生产过程中可以看出，原材料驴皮的质量、生产用水的质量和生产工艺是保证东阿阿胶的产品质量突出的重要元素，尤其是生产工艺。原材料与用水可以通过现代化生产程序严格控制，但东阿阿胶的生产工艺繁复，其中包含熬胶、晾胶等上百道复杂工序，所以独特的生产工艺是东阿阿胶保持品质的关键成因。自 1978 年始，东阿阿胶集团开始进行商标布局，在第 5 类“阿胶”上申请注册了“东阿”“东阿阿胶”“东阿阿胶集团”等商标并沿用至今，一直以来不断创新生产工艺，结合传统经验推陈出新，同时还注重企业知识产权保护与现代市场营销管理，才在阿胶消费市场中树立起了东阿阿胶集团的良好企业形象，并打造出了闻名中外的“东阿”“东阿阿胶”品牌。因此，东阿阿胶集团在异议书中提出，“东阿阿胶”原产地标识和“东阿阿胶”商标在本质上都发挥着区分商品来源的作用，标明了东阿阿胶的特定来源，如今“东阿阿胶”原产地标识的主体和“东阿阿胶”商标权利主体却不一致，将“东阿阿胶”作为原产地标识保护并将其他阿胶企业的“福牌”“东阿镇牌”等注册商标共同纳入东阿阿胶原产地标识保护的范围，该做法将会导致“东阿阿胶”在先注册商标与“东阿阿胶”原产地标识发生冲突。在“金华火腿案”[①]中，1979 年 10 月，浙江省浦江县食品公司经过申请获得“金华火腿”注册商标。随后浙江省食品公司出于统一经营、统一调拨、统一核算的需要，申请将该注册商标转移至名下。1983 年 3 月，“金华火腿”归于浙江省食品公司所有。之后，浙江省食品公司改名，注册商标所有权人为今日位于浙江杭州的浙江省食品有限公司。2001 年，原国家质量监督检验检疫总局

---

① 参见（2003）沪二中民五（知）初字第 239 号民事判决书。

正式批准“金华火腿”为原产地域产品。2003 年 4 月，浙江永康四路火腿一厂在核定使用的第 29 类商品（香肠、火腿等）上申请注册了“真方宗”商标。2003 年 6 月，金华火腿行业协会将浙江永康四路火腿一厂评定第一届“金华火腿明星企业”，随后原国家质量监督检验检疫总局发布 2003 年第 87 号公告称，其已通过浙江永康四路火腿一厂等五十多家企业提出的专用标志使用申请，将在审核完毕后进行登记，并颁发《金华火腿原产地域产品专用标志使用证书》。在之后的生产中，获得证书的企业可以依据相关规定使用“金华火腿”原产地域产品专用标志。2003 年 7 月，浙江省食品有限公司作为“金华火腿”注册商标权人函告浙江永康四路火腿一厂的产品销售商，让其立即停止销售侵害注册商标专用权的产品，否则将采取法律行动。后浙江省食品有限公司将浙江永康四路火腿一厂及其产品销售商诉至法院。虽然浙江省食品有限公司的诉讼请求并未得到支持，但其以持有“金华火腿”注册商标为由，对于被授予使用原产地域产品“金华火腿”的企业发动诉讼和举报，对产业发展造成了致命打击。

总体来看，第一种冲突是依托商标法保护地理标志模式先天固有的冲突，第二种冲突是“三元模式”下不同模式之间后天的冲突。为了解决当前各个模式之间的冲突局面，统一地理标志保护模式，针对地理标志进行专门立法不失为有效之举。

四、“三元模式”保护力度不一

“三元模式”是我国特有的地理标志保护模式，三个模式遵循的法律依据各不相同，对于地理标志的保护力度不一。

第一，“三元模式”各自的法律效力位阶不一。地理标志商标法模式依据的《商标法》属于全国人大制定的法律，其效力高于行政法规、地方性法规、规章等。而地理标志产品保护模式依据的《地理标志产品保护规定》《地理标志产品保护办法》与农产品地理标志保护模式依据的《农产品地理标志管理办法》属于部门规章，法律位阶较低。

第二，“三元模式”各自对待地理标志权利性质不一。地理标志商标注册成功后被赋予商标专用权，适用《商标法》建构的权利义务体系及其救济途径，如《商标法实施条例》第4条中规定：“以地理标志作为证明商标注册的，其商品符合使用该地理标志条件的自然人、法人或者其他组织可以要求使用该证明商标，控制该证明商标的组织应当允许。以地理标志作为集体商标注册的，其商品符合使用该地理标志条件的自然人、法人或者其他组织，可以要求参加以该地理标志作为集体商标注册的团体、协会或者其他组织，该团体、协会或者其他组织应当依据其章程接纳为会员；不要求参加以该地理标志作为集体商标注册的团体、协会或者其他组织的，也可以正当使用该地理标志，该团体、协会或者其他组织无权禁止。”而地理标志保护产品和农产品地理标志均未赋予地理标志主体特定权利，属于以行政手段建立的管理体系。

第三，“三元模式”各自的法律保护手段不一。地理标志商标可以适用《商标法》以及《刑法》中关于商标的民事、行政和刑事法律手段予以保护。其受保护力度最强，能够有效打击假冒、侵权等行为。例如，在“上海菲桐贸易有限公司、诸葛某假冒注册商标案”① 中，公诉机关上海市浦东新区人民检察院指控：“BORDEAUX”系波尔多葡萄酒行业联合会在我国注册的地理标志集体商标，核定使用商品为第33类葡萄酒，且在有效期内。2019年2月，被告人诸葛某在未取得许可的情况下委托他人设计、生产带有“BORDEAUX”标识的标贴并贴于其灌装的葡萄酒瓶身，后通过上海菲桐贸易有限公司对外进行销售。2019年3月21日至23日，上海菲桐贸易有限公司在参加第100届全国糖酒商品交易会时被当场查获，除在交易会现场查获涉案葡萄酒52箱（每箱6瓶）外，上海市浦东新区知识产

---

① 参见（2020）沪0115刑初985号刑事判决书。

权局在上海菲桐贸易有限公司位于上海市松江区的仓库内查获 1608 箱。经查，上海菲桐贸易有限公司假冒“BORDEAUX”注册商标的非法经营额达 24 万余元。法院认为，上海菲桐贸易有限公司的行为符合假冒注册商标情形。根据上海菲桐贸易有限公司关于假冒商品的平均定价，其待销售的假冒商品的非法经营数额达 24 万余元，属情节严重，其行为构成假冒注册商标罪。被告人诸葛某作为该公司直接负责的主管人员，亦应以假冒注册商标罪追究其刑事责任。本案系通过刑事司法保护地理标志集体商标的典型案例，涉案地理标志集体商标系在我国合法注册的商标，受我国《刑法》保护。而另两种模式中，地理标志保护产品和农产品地理标志仅得以部门规章规定的行政处罚手段进行保护，尚未建立体系化的保护手段。

目前“三元模式”中“地理标志商标法保护模式”具有立法层级最高、制度建设最为成熟、保护范围最为全面、社会公众最为熟悉等优势，但是该模式忽视了地理标志是一种独立的知识产权客体，在知识产权强国建设实践中其弊端日益凸显。

第二章

国外地理标志立法模式考察借鉴

第一节 地理标志专门法保护模式

一、专门法保护模式："强"保护模式

（一）专门法保护模式起源与发展

专门法保护模式以欧盟的国家与地区为代表，欧洲国家基于其丰富的自然人文条件，有着丰富的地域特色产品，享誉全球，如法国的"香槟酒"（Champagne）、意大利的"帕尔玛火腿"（Prosciutto di Parma）等，出于保护这些产品声誉和市场利益的目的，欧洲国家普遍主张专门立法保护地理标志，以实现对地理标志的全方位保护。

最早为地理标志提供法律保护的规定可以追溯至南斯拉夫1222年颁布的一项管理葡萄酒销售的特许状（a charter），规定了葡萄酒贸易"只允许从该地区出产的产品带有地理标志"。同时，法国14世纪颁布了防止非出产地的葡萄酒使用地名的管理规章以及以"特权"形式保护地理标志的洛克福奶酪生产皇家许可证。而以专门法保护地理标志的模式最早可追溯至法国15世纪的《1415皇家法令》，直至1824年，法国通过一项关于地理标志的专门立法，对虚假标记商品产地的人给予严厉的刑事处罚。此后因根瘤蚜虫灾害使法国国内葡萄酒种植业遭受重创，市场出现大量商标冒用和产地名称滥用情形，为加强产地名称保护，1905年8月1日法国颁布其关于原产地名称的首部法律——《关于商品交易欺诈之取缔的1905年8月1日法》（以下简称"1905年法"），并不断发展完善该法律。该法规定由政府统一行使原产地名称的命名，由中央政府的各地代表享有区域使用原产地名称的决定权，政府则承担对原产地名称产品进行区分并作出行政许可的职责；明确规定政府有权对"任何在产品的来源上误导或企图误导合

同当事人的任何人”罚款。1990 年 7 月 2 日第 90—558 号法（以下简称“1990 年法”）的诞生标志着法国经过一个多世纪的探索与积累，建立起一套以受监控的原产地名称为核心、司法确认和行政监控并行的原产地名称保护制度，法国地理标志专门法体系大致形成。

欧盟在《2081/92 号条例》中明确了原产地保护和地理标志保护的概念；其后《2081/92 号条例》经历三次较重要的修改：1997 年适当扩大受保护的农产品范围；2003 年重点完善产品申请与审核程序，并规定地理标志和商标的冲突处理规则；2006 年旨在完善第二次修改中规定的国民待遇原则，并允许第三国国民直接向欧盟提交申请，第三国国民要提交的申请材料与欧盟的成员国一致。2012 年 11 月欧盟正式通过《1151/2012 号条例》，该条例细化和完善了各种保护规定与保护程序要求，主要体现在以下三点：增加地理标志取消的前提——注册申请不符合规定，且该产品在市场上投放时间未达到 7 年，进一步增加了程序的规范性；强制规定申请注册的产品必须提交产品说明书并且规定了产品说明书的具体内容；规定产品质量应当符合官方监管体系。

（二）专门法保护模式的特点

1. 强调“标识”的成因

就地理标志的特殊性而言，地理标志的特殊性决定了其可以代表该地区该类产品所具有的普遍性特点，而这些特点突出了对应产品的优势。如某类产品的产地、质量要求、工艺和技术要求等是其生产销售的特色和优势所在，消费者往往可以根据这些特点和优势来区别并选择所要购买的商品，即通过地理标志所展示的特点和优势增加了这类商品的价值。强调“标识”重视了对产品特点的区分和优势的展示，是对地理标志下产品的特点和优势进行的保护，使产品转化为商品及商品自身的价值得以进一步提高。

因为标识的特殊性使其具有识别功能，可以通过区分特定质量、产地特征、信誉或其他人文、自然等特征来标示和区别某商品的来源，保护地理标志的独特性。因此，强调对“标识”特殊性的区分和保护有助于提高标识的识别功能，增强消费者对商品特点和优势的认知与区别，使对应商品的特色得以展示。

2. “标识”的认识与保护发展历程

地理标志的标识是指其产品在同一衡量标准下不同于其他地理标志的特点，如生产的自然或人工条件、生产的工序或生产环境的要求、生产的质量标准等。不同地域环境下生产的地理标志保护产品会有其异于他处的特色，“标识”作为区分商品的角度，使不同区域、不同地理标志下的产品特色得以突出，易于识别。因“标识”具有特殊性和重要性，地理标志保护逐渐被世界各国重视并得以长期发展。现行地理标志保护模式主要有专门立法保护、商标法保护、反不正当竞争法保护以及“三元模式”都予以采纳的混合立法保护模式。其中，专门立法保护的保护力度更强，针对性更强。而法国作为农业历史悠久、物产丰饶、拥有多个地理标志的国家，在经历对“标识”特殊性保护的长期探索后最终选择专门立法模式并成为该模式的代表，对地理标志进行针对性强且更全面的保护，是最早建设地理标志保护制度也是保护最完善的国家之一。

从国际保护角度而言，在世界贸易飞速发展壮大的阶段，为更好地保护工业产权、满足地理标志保护的需求，法国、意大利、荷兰、葡萄牙等国于 1883 年签订了《巴黎公约》。《巴黎公约》是地理标志作为知识产权体系中的概念所出现的最早的国际公约，其保护范围虽涉及专利、实用新型、商标、原产地标记等，但对“产地标记”和“原产地名称”两个概念及二者之间的关系未给予明确的定义，使其在实际执行和应用中有所阻碍。随着地理标志逐渐为国际所重视，为建立自身更完善的地理标志国际保护体系，法国陆续签订了《制止商品产地虚假或欺骗性标记马德里协定》、《保护原产地名称和国际注册里斯本协定》（以下简称《里斯本协定》）和TRIPS 协定。《制止商品产地虚假或欺骗性标记马德里协定》是对《巴黎公约》的补充，规定了缔约国对于抑制虚假和欺诈性产品来源的有关条例。《里斯本协定》是国际地理标志保护的进一步发展，是《巴黎公约》体系内专门规定原产地名称保护的国际条约，其对原产地名称和原属国的概念明确进行定义，列明保护旨在防止任何假冒和仿冒及在进行原产地名称的国际注册时所需的要求与程序。与《巴黎公约》和《制止商品产地虚假或欺骗性标记马德里协定》相比，《里斯本协定》明确了原产地名称进行国际注册的有关内容及管理机构，建立了更为完善的原产地名称管理体系，为原产地名称提供了更完备的保护。

TRIPS 协定第一次明确提出地理标志的概念并对其作出专门规定，正式将其与商标、专利、著作权等相并列，作为知识产权的一个部分加以保护，标志着国际地理标志保护制度的逐步成熟。TRIPS 协定从知识产权的国际效力、范围、使用标准、执法、维护和争端的防止及解决等角度对其国际化发展提供了支持。该协定第 22 条明确了地理标志的定义为“地理标识指识别一货物来源于一成员领土或该领土内一地区或地方的标识，该货物的特定质量、声誉或其他特性主要归因于其地理来源。”此外，TRIPS 协定明确了各成员对地理标志保护提供法律手段的义务。

3. 解读地理标志的“标识”

从 TRIPS 协定可知，地理标志的“标识”是其与一般商品得以区分的特点。“标识”具有的功能有：表明产品来源地；标明该地理标志所具有的特定质量、声誉或其他人文和自然特征；证明这些特征确实和该地区存在一定联系。对于地理标志的保护，在当前国际社会四种主流的模式中，专门法保护模式明确了地理标志的地位和作用，使保护的内容和形式更清楚明了，保护力度更强。专门法保护模式通过对“标识”特殊性的规定，为地理标志提供有针对性的系统化保护，既突出了其特殊性，又强调了其保护的重要性。地理标志的发展关键在于产品的独特品质，因此相关产品的标准制定变得至关重要。因此，专门法保护模式的核心在于制定各种标准。①

二、专门法保护模式代表性国家制度考察

地理标志专门法保护模式，相较而言是更高水平的保护，采取这一保护模式的国家包括法国、意大利、西班牙、南斯拉夫、马来西亚、泰国等，上述国家大都历史文化悠久，在长期的农业生产过程中产生了许多富有地方特色的产品。对地理标志进行“强”保护有助于扩大自身地理优势，其中以法国最为典型，建立了世界上最系统、最全面的地理标志保护立法，而马来西亚作为与我国邻近的东盟国家，其地理标志保护走在东盟各国前列，对我国地理标志统一立法具有重要参考价值。

（一）法国地理标志保护制度

1. 法国地理标志保护制度的缘起与发展

作为对地理标志采取专门立法保护的代表性国家，法国给予地理标志强有力的保护与监管。法国最早使用原产地名称这一概念，原产地名称制度也成为法国地理标志的核心法律制度。原产地名称制度发展大致分为三个阶段：第一个阶段的制度建立初始期，第二个阶段的制度成熟期以及第三个阶段的制度转型期。经过100多年的不断发展与改进，法国建立起独具法国特点的以受监控的原产地名称为核心的原产地名称制度。

（1）制度建立初始期（1905—1919年）

法国首部关于原产地名称的规定，可溯源至14世纪颁布的洛克福奶酪

---

① 参见王雪、尹玥：《〈民法典〉背景下我国地理标志保护制度的困境与发展》，载《贵州大学学报》（社会科学版），2022年第2期。

生产皇家许可证，但直至1905年8月1日，法国方才颁布其关于原产地名称的首部法律1905年法。该法规定由政府统一行使原产地名称的命名，由中央政府的各地代表享有区域使用原产地名称的决定权，政府则承担对原产地名称产品进行区分并作出行政许可的职责；明确规定政府有权对“任何在产品的来源上误导或企图误导合同当事人的任何人”罚款。此外，在该法颁布后相继颁布一系列法令，对产品生产地区的范围予以划定以及认可一些名称，1908年8月5日之后的相关法律批准了首批原产地葡萄酒，如“波尔多”（Bordeaux）、“干邑”（Cognac）等。

1905年颁布的法律确定了原产地名称的命名制度，同时标示着生产者不再具有自行决定权，对于原产地名称全权由法国政府进行市场干预。基于此，1905年法作为法国原产地名称走向现代意义立法的分水岭，标志着政府开始行使行政手段管理原产地名称，但这一制度的实施除规定产区地理界线外没有其他任何规定，导致该保护制度流于形式，无法有效地杜绝假冒伪劣商业侵权行为。

（2）制度建立成熟期（1919—1935年）

1919年5月6日法国颁布《原产地名称法》（以下简称1919年法），明确规定原产地名称作为集体权利，需经过法院的宣告进行注册，但该注册原产地名称不能进入公共领域，其本质上并不通用。1919年法将原产地名称的命名权从政府转移至法院，由法官负责原产地名称使用的认定，也明确规定法官认定原产地名称时应考量原产地这一重要因素。依据该法通过的《1925年洛克福奶酪保护法案》使“洛克福”（Roquefort）成为第一个除葡萄酒外获得原产地名称的产品。1927年7月22日法国国民大会制定新的《原产地名称保护法》，在1919年法的标准基础上增加新的考量因素，明确原产地名称与产品质量之间的关联，使得原产地名称从货源标志中独立出来，同时规定允许使用“香槟”原产地的地区由立法机关自行决定。至此，法国基本建立起原产地名称认定制度。与原产地名称保护并行的还有货源标记保护，即关于货源标记的1930年法，该法规定了货源标记的定义和虚假货源标记的处罚条款。

法国法院在1919年到1935年通过的一系列法案，强调原产地名称被保护的主要原因在于特定地区的条件与产品质量之间的关联性，因而，法国法院确立了原产地名称产品与货源标志产品的区别。

（3）制度转型期（1935年以后）

1935年7月30日法国颁布受控葡萄酒原产地名称的法令，规定葡萄酒和烈性酒是受监控的原产地名称（Appellation d' Origine Controlé），并据此设立葡萄酒和烈性酒国家委员会，主要负责制定产品生产规则。1947年该委员会变更为国家原产地名称局（L' Institut Nationaldes Appellations d' Origine），由农业部与经济部共同监督，明确国家原产地名称局的工作人员负责确认受监控原产地名称，对受监控原产地名称制度的申请进行审查，自此，1919年法所规定的仅通过宣告来注册葡萄酒原产地名称的方法不再有效。1955年法建立有关奶酪保护的制度，规定经国委会认可后，由农业部颁布法令对新的原产地名称予以确认。1966年7月6日法国对1919年法作了修改，明确原产地名称注册程序由最高行政法院发布法令，但基于葡萄酒和奶酪已被赋予特殊地位，该法并不适用于二者。这是该法第一次对原产地名称的定义作出规定。1990年法对1919年法作了彻底修改。该法首次在农产品和食品领域规定“受监控原产地名称”的概念，替代1919年法的“原产地名称”的概念。1990年法颁布前法令确定的葡萄酒和奶酪原产地名称自动获得受监控的原产地名称，1990年前法院认定和行政程序确认的烈酒原产地名称给予5年向国家原产地名称局申请受监控的原产地名称的期限。1990年法将地理标志制度建立在明确“受监控原产地名称”的概念基础之上，确定了受监控原产地名称的要件，对农产品和食品地理标志的确认程序进行了统一。[①] 自 1995 年 7 月 1 日起，除优质葡萄酒和来自法国海外省的原产地名称外，所有原产地名称都可成为受监控原产地名称。

1994 年 1 月 3 日，法国颁布了关于确认农产品和食品质量的 1994 年 1 月 3 日第 94-2 号法，该法纳入了欧共体条例的有关要求，并引入了地理标志的新概念，承认受监控原产地名称和地理标志的保护适用于所有的农产品。欧共体的原产地名称注册制度对法国的法令许可制度起了补充的作用。自此之后，法国受监控的原产地名称获得了欧洲各国的承认。

2. 法国原产地名称保护制度

法国完善的原产地名称保护制度由严格的受监控的原产地名称制度、司法确认制度、行政管理与保护制度、系统的注册制度等组成，有机构成了法国完备、健全、严格的原产地名称保护制度，为法国原产地产品提供保护。

（1）受监控的原产地名称

受监控的原产地名称制度源于 1935 年 7 月 30 日法国颁布的受控葡萄酒原产地名称法令，法国 1990 年法首次引入“受监控原产地名称”的概念和规定到农产品和食品领域，替代“原产地名称”概念。法国 1994 年法将受监控的原产地名称的适用范围扩大到奶酪和整个农产品，并建立单独的国家原产地名称局。在立法层面，法国受监控的原产地名称与 1992 年欧共体颁布的第 208/92 号条例中的欧共体的原产地名称类似。

作为法国地理标志保护的核心，受监控的原产地名称通过对特定地理区域的产品进行认证和保护，确保产品与地理区域的紧密联系。第一，受监控的原产地名称制度强调地理区域的地理特征、传统生产方法和丰富的经验，为消费者提供了质量和地域特色的保证。该制度的建立对法国地理标志保护产生了深远的影响，它不仅加强了地理标志保护产品的质量保证，

① 参见赵小平：《地理标志的法律保护研究》，法律出版社 2007 年版，第 16 页。

还促进了地方农民和农业组织的参与和自治。同时，该制度建立了一套严格的规定和标准，包括生产方式、原料选择、加工过程等，使得地理标志保护产品在市场上具备独特性和竞争力。第二，受监控的原产地名称制度与普通原产地名称相比较具有以下两个基本特点：首先，依据受监控的原产地名称制度，原产地名称命名与使用需经过层层批准，并规定受监控的原产地名称下的产品及相关环节都需要满足的具体条件。其次，原产地名称局是受监控的原产地名称的认定机构，有权决定谁有权使用受监控的原产地名称，以及使用的标准、在国外寻求保护的路径和对违法使用行为的处罚。从另一角度而言，国家原产地名称局成为受监控的原产地名称在法律上的所有人。第三，受监控的原产地名称制度的适用需要两个因素：首先，界定生产地理区域、阐述产品原产地的证据、详细描述产品与原产地之间的关联、固定生产方法。其次，强制性控制受监控的原产地名称在生产、交易方面的行为。受监控的原产地名称经过确定之后受到严格保护，任何未经授权将已注册的地理名称用于产品上的行为都是被禁止的。一旦地理名称被注册为原产地名称就不再视为通用词语。因而，生产者拥有使用该原产地名称的排他权利，有权禁止他人在该产品上使用此名称，以此避免减弱其声誉。

受监控的原产地名称注册后，该地理名称不再被视为通用词语，且其地理名称甚至不能在近似产品或其他产品上使用。基于此，作为一种特殊的地理标志，受监控的原产地名称有着严格的保护和限制程序，也是基于严格的保护制度，使得法国成为世界上少有的实施地理标志保护最彻底的国家。法国地理标志制度与美国地理标志制度实质上相区别，法国并不存在受监控的原产地名称的所有人，受监控的原产地名称的独特属性也对发展法国葡萄酒产业起到了重要作用。

（2）行政管理与保护机制

法国负责地理标志管理和保护的部门除国家原产地名称局外还有竞争

消费与反诈骗署、农业部统计办公室、关税与增值税总局和法国地理标志命名研究所。前述机构隶属于法国农业部、财政部或经济部等，是法国政府出于更好实施地理标志保护、监管而下设的机构，各个部门间各司其职，互不干涉，相互配合。

第一，国家原产地名称局原称葡萄酒和烈酒国家委员会，1947 年更名为国家原产地名称局。国家原产地名称局下设农产品和食品、葡萄酒和烈酒等委员会共同负责各个行业的受监控的原产地名称认定工作。该机构对受监控的原产地名称注册申请发挥着重要作用，生产者获得受监控的原产地名称需先注册行业协会再向国家原产地名称局提出申请，国家原产地名称局对申请的条件、资料层层审查后批准该申请，获得国家原产地名称局批准的受监控的原产地名称不能再进入公共领域，其生产者享有排他性权利。国家原产地名称局的成员由政府任命，包括政府代表、消费者代表、相关行业代表等。

第二，农业部统计办公室专门从事原产地名称数据的统计和汇编管理工作，是农业部设立的下属部门。

第三，竞争、消费与反诈骗署是法国财政部的下属部门，负责监督和管理地理标志保护产品进入市场流通的全流程，保证地理标志保护产品销售者和生产者公平竞争，同时对地理标志保护产品的质量进行监管。

第四，关税与增值税总局，该局隶属于法国经济部，该部门负责统计产品对外贸易量，保障地理标志保护产品的良好生产、销售、对外交流，运用税收杠杆调节地理标志保护产品的贸易与种植，同时进行监督检查，通过关税手段检查地理标志保护产品对外流通的正当性。

第五，法国地理标志命名研究所。该研究所对申请地理标志命名的合理性听取相关专家、行业代表、消费者代表等的意见，并提请大区评审委员会批准。

法国拥有的葡萄酒历史悠久，地理标志资源丰富，在经过 100 多年的发展沉淀后，建立起严格和完善的专门地理标志法律保护制度。为了更好地贯彻和实施原产地名称保护，法国配备了完备的行政部门，对地理标志的生产全过程进行监督和管理。

(3) 注册制度

受监控的原产地名称注册申请的流程为：由于国家原产地名称局不接受个人生产者以私人名义提出的注册申请，为了解决这个问题，生产者们决定成立行业协会。每个受监控的原产地名称都有相应的行业协会存在，这是基于实践中的需要。国家原产地名称局负责审核受监控的原产地名称的注册申请，并承担保护这些名称在国外免受侵犯的责任。作为独立法人，国家原产地名称局具备独立参与诉讼的资格，以维护原产地名称的权益。

生产者所提交的申请文件必须包括申请受监控的原产地名称的理由以及保护对应产品的理由；对风土（terrior）的描述；证明地区与产品典型特征之间联系的相关技术、经济、法律文件证据；为证明产品声誉和名称使用合法性及产品声誉和独创性的证明，不仅要从市场占有率、经济发展水平以及相关法律文件出发，结合实际情况进行综合分析，而且上述申请资料需要通过不同的部门及委员会审查，并在收到行业申请后提交一份文件交由地理标志咨询机构（国家原产地名称局国家委员会）进行咨询和审查，该国家委员会交由的申请中对相关产品审查后决定是否符合条件，如果再分析后同意，则将对相关信息的准确性进行进一步审查和认定（如该产品的生产条件等）。在上述环节完成后，国家原产地名称局国家委员会对审查结果作出是否批准和否决的审查决定，只有对通过全部生产过程中符合条件的地理标志保护产品予以批准，否则将会予以驳回。获得批准后，国家原产地名称局会邀请地理和土壤方面的专家、行业委员会和消费者代表等来定义生产区域，并进行公开调查，以确定该原产地名称所在区域以及适用范围，国家委员会再起草一份文件标明原产地名称，通过的文件将交由农业部签发法令，并由农业部和财政部共同联名发布在相关官方期刊上进行公告。

综观整个注册程序，生产者除了在申请和核准环节处于主动状态，总体而言，都一直由国家原产地名称局占据主导地位，国家原产地名称局一直居于审核调查位置，在形成国家原产地名称局的报告中与起草申请名称认定文本中起着主动和积极作用。

（4）司法保护制度

法国的司法系统分为普通和行政两个系统，基于此形成普通法院和行政法院。普通法院负责民事司法诉讼和刑事司法诉讼，其中刑事司法诉讼又分为轻罪诉讼和重罪诉讼等，生产者通过两种司法程序可以对原产地名称实施全方位、行之有效的保护，不仅能够抑制侵权行为的发生，而且为原产地名称的合理使用提供正当方式。

在普通法院中，地理标志纠纷案件可以作为简易案件进行民事诉讼处理。在刑事法院中，地理标志纠纷只能构成轻罪诉讼，并由轻罪法庭进行审判。对于犯罪情节严重的案件，由重罪法庭审判，但地理标志纠纷并不属于这种严重犯罪情节的范畴。民事法庭就地理标志作出的禁止性判决不仅对诉讼当事人有效，同时对诉讼地区的所有生产者、制造者和种植者都具有效力。若在法院作出禁止性判决后，仍继续使用该地理标志或明知行为会侵犯他人权利仍继续使用的，为非法行为，被侵权者此时有权提起轻罪诉讼，要求违法者停止侵权行为并对违法者处以监禁或罚款。

行政法院中，生产者可通过行政程序来确定原产地名称，相较于民事诉讼，行政确认赋予生产者主动权，生产者可自由选择在地理标志受到侵害之前得到法院的保护，这个“诉讼”更加积极有效、更有利于事前保护。地理标志生产者通过普通司法与行政司法收到行政法院法令后，当地政府依据该法令划定该地理标志区域并确定其所有的特点和质量。普通司法和行政司法两种系统为受监控的原产地名称提供最大限度的保护。生产者合法权利受到侵犯时可提起民事或刑事诉讼弥补损失或制止侵权行为，同时生产者也可主动向行政法院申请确认原产地名称，与司法确认的原产地名称具有同等效力。

3. 对法国专门法保护模式的评析

在法国的地理标志专门法保护模式下，原产地名称具有双重属性，经过100多年的发展，法国形成了以原产地名称保护为特色的经济发展模式，法国地大物博，农产品种类繁多，法国葡萄酒取得的辉煌成绩就是法国地理标志专门保护的成效。法国对地理标志采取专门立法保护的优缺点值得探索与分析。

第一，对地理标志的专门立法不仅将其视为和商标、著作或专利权同样重要的知识产权内容，还将地理标志及其保护独立出来，使之具有区别于商标、著作或专利的保护体系，体现了对地理标志“标识”及其特殊性的重视，有助于提取“标识”的特征，区分不同标识代表的不同含义。还有利于总结这一“标识”对识别该类地理标志保护产品的统一标准，系统地保护这一“标识”的特殊性和独立性，厘清保护的主旨、调整的对象和保护的专门机构。更有利于明确对应的保护内容、方法和程序，将保护制度与实际执行结合起来，使该模式的执行整体有法可依，使保护更具有针对性且更全面，如有更新也会系统同步，确保了保护的连续性和可持续性，保护力度也是四种模式中最强的。①

第二，专门立法因其专业性较强，针对性显著，在确立制度及立法的前期即需要大量研究与考证，需要考虑本国的历史发展和法律基础、制度发展和实际国情是否许可、是否借鉴及如何吸收借鉴、能否可持续良性发展。在专门立法保护之下，不仅需要具体的标准，还需要建立对应的制度体系，以确定地理标志下的真实产品质量符合该项标准。在专门立法保护的初期，需要对地理标志有充分认识的专业人才起草法案，还需要有大局

① 参见田芙蓉：《地理标志法律保护制度研究》，知识产权出版社2009年版，第137页。

意识的知识产权人才进行总体规划并主持制度建设。在专门法施行阶段，需要实体法和程序法两手抓，法律和专门机构双管齐下。同时还要设计有效的纠错和救济措施，保证专门立法的航船稳步前行。不管是专门法保护模式建立前期、实行中或者是程序结束后期，为维护其运行所消耗的人力物力等司法资源不可小觑。此外，独立的专门法保护模式将如何处理因地理标志的普遍性所导致的与商标法的重合或矛盾关系，如何与采取其他地理标志保护模式的国家对接，如何与国际条约更新的地理标志保护制度与时俱进等问题，都是有待采取专门法保护模式的国家思考的问题。

第三，地理标志专门法保护模式带来的积极效应繁多。首先，充分考虑到地理标志作为知识产权客体的特殊性质，为特定经营者在产地范围内使用原产地名称提供了专属权利和禁止权。其次，该模式强调地理标志的作用和管理内容，以促进地理标志更好地运作，同时为规范使用者的行为，采用登记注册制。此外，通过事前调整措施，如公布范围和生产厂家等信息，增强消费者对地理标志的辨认能力，减少侵权的可能性。最后，严格规定生产条件，最大限度地保持地理标志保护产品的独特质量和信誉。然而，该管理模式也存在少许不足之处。地理标志和商标应当作为两种不同的知识产权客体被分别保护，但部分学者认为地理标志和商标进行区别保护将会造成注册审查工作存在重复和资源浪费的问题。同时，在确定商品类别和与在先权利是否冲突的检索方面也存在不足之处，这也是许多国家未采用专门法保护模式的原因之一。通常情况下，只有在某些具有盛誉的特定产品中，才会选择采用该模式来保护地理标志。

（二）马来西亚地理标志保护制度

马来西亚地处东南亚，由马来半岛南部的马来亚和位于加里曼丹岛北部的沙捞越、沙巴组成。全国分为 13 个州和 3 个联邦直辖区，全国面积共 33 万平方公里，人口 3300 万（2023 年）。国内生产总值（2022 年）3435

亿美元，是亚洲地区引人注目的多元化新兴工业国家和世界新兴市场经济体，被称为亚洲四小虎之一。自 2022 年 3 月 18 日起，《区域全面经济伙伴关系协定》（RCEP）对马来西亚生效。

1. 马来西亚地理标志保护制度发展历史沿革

马来西亚于 1972 年颁布的《商品说明法》和 1976 年颁布的《商标法》对于地理标志的保护起到了一定作用。在此阶段，具有特定质量、类型、种类、信誉或其他特征的产品的地理标志可作为证明商标予以登记和保护。

1989 年 1 月 1 日，马来西亚正式成为《巴黎公约》和《建立世界知识产权组织公约》成员国，为实现国际法的国内适用，履行 TRIPS 协定规定的国际义务，马来西亚于 2000 年颁布了首部《地理标志法》，2001 年又颁布了《地理标志实施细则》，两部法律共同构成了马来西亚地理标志保护的法律基础。

2022 年 3 月 18 日，2000 年版《地理标志法》被废除，新《地理标志法》正式生效。这项新的《地理标志法》旨在为地理标志所有者提供更广泛、严格的保护，在地理标志注册资格、地理标志申请的审查和异议程序等方面进行了优化。

2. 马来西亚《地理标志法》核心制度

（1）地理标志的定义

马来西亚《地理标志法》第 2 条规定了地理标志的定义，即“可以由一个或多个词组成，这些词可以将商品标识为原产于某一国家或地区，或该国家、地区的某一区域，其中商品的特定质量、声誉或其他特征本质上可归因于这一地理来源”。该定义与 TRIPS 协定中的规定基本一致。

（2）对葡萄酒和烈酒的额外规定

马来西亚的国教是伊斯兰教，在饮食习惯上禁酒，故在国内没有葡萄酒和烈酒的产业。为了符合 TRIPS 协定关于加强葡萄酒和烈酒的保护，马来西亚《地理标志法》第 77 条第 2 款（C）项作了相关规定，“在商业活动中，将标明葡萄酒的地理标志用于并非原产地的葡萄酒，或将标明烈酒的地理标志用于并非原产地的烈酒，即使指明了葡萄酒或烈酒的真实产地，或该地理标志是在翻译中使用，或附有‘种类’‘类型’‘风格’或‘仿制’等任何类似的词或表达的，地理标志所标识商品的任何利害关系人可以向法院提起诉讼”。

（3）管理机关

马来西亚知识产权局下设地理标志办公室和其他分支机构，马来西亚《地理标志法》第 5 条规定了由地理标志办公室受理向其提交的地理标志相关文件。马来西亚知识产权局官网 https：//www. myipo. gov. my/en/home/可以处理线上地理标志注册申请，地理标志信息查询等事宜。

（4）地理标志注册

第一，马来西亚《地理标志法》第 13 条、第 14 条直接具体地规定了申请主体和受理程序，明确了规定申请主体为在该地理区域内从事与该货物有关的生产者活动的任何人和该等人的联合体；或者具有法定资格的机关。第 13 条规定：“（1）如地理标志注册申请根据第 12 条第（6）款或第（9）款被受理，则登记官须向申请人发出受理通知书，并要求申请人在该通知书所指明的期限内缴付规定的费用。（2）申请人未按第（1）款规定缴纳申请费的，地理标志注册申请应视为撤回。”第 14 条规定：“（1）在收到申请人根据第 13 条第（1）款支付的规定费用后，申请的受理情况应在《知识产权官方公报》上公布。（2）根据第（1）款规定公布的内容，应包含根据第 13 条提出的申请的所有条件、修订、修改或限制的内容。”

第二，马来西亚《地理标志法》第 12 条具体规定了登记官的审查要素、要求和流程，加强了登记官审查责任，减少了存在因部门审查漏洞而引起地理标志保护纠纷的可能。第 16 条整体确定了异议程序，系统说明该程序的运行流程，并列明运行过程中对应每一流程可能出现或可能导致的不同结果。就加强审查角度而言，因申请地理标志及保护需经过细致审核，因此接受注册申请的部门将对申请对象的形象、名称、目的和途径进行检查确认，也需对已存在、已申请或正在申请的其他地理标志进行检索，以确保该申请的成立和生效。

第三，根据撤销申请人的不同类别，马来西亚《地理标志法》对撤销申请进行了分类和说明，使有资格申请撤销的群体及其权利义务更明确，也使申请撤销的不同群体区分不同程序，促进地理标志的撤销管理更规范。其一，所有人自愿撤销已注册的地理标志，根据规定，注册地理标志所有人可自愿撤销已注册的地理标志。如果所有人申请自愿撤销，那么地理标志注册授予任何利益相关方的权利将自注册撤销之日起失效。其二，法院对已注册的地理标志进行撤销。

3. 对马来西亚新地理标志法的评析

（1）新法变化符合《区域全面经济伙伴关系协定》（RCEP）和 TRIPS 协定的理念

马来西亚新修订的《地理标志法》旨在为地理标志所有者提供更广泛的保护与更清晰的程序，在地理标志申请及审查程序、异议程序和同名地理标志保护等方面的变化契合了《区域全面经济伙伴关系协定》（RCEP）和 TRIPS 协定对地理标志的高水平保护要求。

（2）新增地理标志的可转让性

根据新《地理标志法》，已注册地理标志的所有人只要符合一定条件就可以提出申请，将已注册地理标志转让给另一方，这使得马来西亚已注册地理标志的转让更为自由，高效地变更所有权人，解决了管理上的问题，地理标志的转让更加便捷也有利于促进地理标志商品的良好发展。

(3) 新增地理标志刑事处罚

新《地理标志法》增设明确规定地理标志违法行为和调查权，逮捕权和开庭法院的管辖权等，这都标志着马来西亚新的《地理标志法》对地理标志将采用更严格的保护措施，也是最高水平的保护。

三、专门法保护模式考察对我国的启示

世界各国都以自身的基本国情为出发点选择适宜本国国情的地理标志保护模式，如地理标志资源丰富的国家多采取“强”保护的专门法保护模式，而地理标志资源相对贫乏的国家则大多选择“弱”保护的商标法保护模式。究其根源，地理标志保护模式因各国根据自身的历史条件、实际国情和立法模式及环境而有所不同，不同保护模式在不同国家的适应性和保护力度会有所区别。法律制度的构建在于有利于本国利益在国际竞争中得到最大化的实现，各国应综合考虑自身条件，选择适合自己的地理标志保护模式，我国也应当遵循这一策略。专门法保护作为三种保护模式中保护力度最强的保护模式，通过对地理标志进行专门立法，为地理标志针对性地进行全面、系统的保护。从立法的角度看，专门法保护模式认识到了地理标志及其“标识”的重要性和价值，规定了使用地理标志的固定条件，为凸显“标识”的特殊性提供了完备的法律制度，给予其硬性保障。从司法的角度看，专门立法保护有利于以更完善公正的程序打击对地理标志“标识”的滥用冒用行为。从发展的角度看，专门立法保护地理标志有利于持续性凸显“标识”的特殊性，使“标识”以其自身的区别功能维护我国地理标志的长期发展，发挥我国地理标志的优势。从监督和救济的角度来说，仅靠行业协会的规定对“标识”特殊性进行保护远不如专门立法高效且有力，公权力的加入将使“标识”特殊性的保护由国家强制力保障，既提醒产品生产者在生产活动中符合地理标志“标识”的标准，又使专门保护机构得到有效监督，专门的救济程序也能在需要时及时发挥作用。

第一，我国与法国基础条件相似。其一，中法两国都有优质生产区，优秀的自然环境使得当地物产丰富，并逐步且长期为人所知，有地理标志诞生的物质条件。和法国相似，我国同样为农业大国，有大量享誉国内外的具有民族和传统特色的产品，发展并推进地理标志保护将是我国知识产权的优势。其二，两国均拥有长期的农业发展史，这给地理标志的专门立法保护提供了充分的历史条件。其三，中法均在国际社会中担当着重要角色，拥有开放性市场和多样性需求，国内外经济循环状态好，为专门立法提供了经济条件。随着社会主义市场经济制度的不断发展，人民消费能力不断提高，对消费品质的追求也有所进步。因此，通过采用专门法保护模式全面地保护地理标志，提高我国地理标志保护产品的经济价值，拓展地理标志保护产品的发展空间，增强我国区域品牌的国际竞争力。其四，中法两国均为成文法国家，拥有完整且稳定的法律体系和完备的实践体系，经过长时间的司法实践和积累，为地理标志的专门保护提供了健全的法律条件。

第二，地理标志相较于专利、商标等我国在国际知识产权竞争弱项而言，是我国的强项。我国作为世界四大文明古国之一，历史悠久，文化灿烂，人文资源丰富；而作为农业大国，我国幅员辽阔，物华天宝，气候多样，拥有丰富的地理标志资源，形成了众多特色鲜明的地方性产品，这些因素有机地结合在一起，造就了我国丰富的地理标志资源。地理标志保护产品具有较高的商业溢价和良好的经济市场前景，为保护我国特有产品资源，促进农业产业的发展，促进市场经济发展，通过法律、政策实施地理标志统一立法保护模式，有助于将极具地方传统特色的产品与机械化生产的普通产品区分开来，对其进行专门保护的“强”保护模式，符合我国的现实需求，且对地理标志进行专门保护也有助于解决我国“三农”问题，还可作为我国参与国际贸易竞争的重要资本。

第三，专门立法在促进我国地理标志保护产品保护方面发挥了重要作用。这证明商标或集体商标并非专门适用于地理标志，法律并不能强制地将它们与产品质量和地理环境联系起来。两者之间并不存在必然的密切因果关系。相比之下，专门法保护模式更注重原产地的地理环境和人文因素与地理标志保护产品之间的实质关联。

第四，专门法保护模式更适宜我国国情。就对法国和马来西亚专门法保护模式的认知和分析而言，我们从中可以认识到两国与我国的基础条件有不少相似之处，在共通点以外，我国自身还有其他适宜专门立法的条件。从政治角度看，我国是社会主义国家，对地理标志进行专门立法保护符合人民的意愿，更好地维护人民的利益。从社会角度看，对地理标志实行专门立法保护有利于明确其产品的特殊性，保证该商品的品质符合这一地理标志的要求和标准，从而提升该地理标志下商品的优势，增加这一商品的价值，打响知名度，扩大品牌效应，促进当地人民生活向好发展，符合社会主义现代化建设的要求。从文化传承的角度看，地理标志因其在当地长期存在，易形成该区域的传统文化，地理标志保护产品与原产地世代相传的传统知识、手工艺等密切关联，地理标志的保护有助于推动当地传统知识文化的传承。例如，广西壮族自治区扶绥县的地理标志保护产品“姑辽茶”，已在当地形成独特且优秀的姑辽茶文化。从经济效益角度，地理标志因品质优良受到消费者的青睐，相比其他同类产品有较高的经济效益，有助于带动区域经济的发展。从生态保护角度看，地理标志品质取决于当地自然环境和人文环境，受双重影响，作为产地生态环境的自动检测器，地理标志更加有利于生态环境的可持续发展。从文化传承角度看，对地理标志实行专门立法保护可以由小及大地促进这一文化认可度，符合我国社会主义文化建构的发展方向。

综上，根据对法国、马来西亚专门立法保护地理标志的模式研究分析，综合考察我国历史条件、法制建设和实际情况等方面来看，为地理标志提供全面且专门的保护将有效凸显地理标志“标识”的特殊性，并由此保证地理标志保护产品的特色和质量。

第二节　地理标志商标法保护模式

目前，国际上采取商标法保护模式的国家主要包括：美国、澳大利亚、瑞士等。这些国家大多是新兴的移民国家，发展历史较短，其农业生产方式多为规模化、产业化、机械化，自主形成的特色农业产品或者地理标志比较少。因此，相较于欧洲农业国家，这些新兴国家大多没有保护地理标志的传统，想要通过对地理标志进行保护提高本国经济竞争力的愿望并不强烈，他们更倾向于选择利用现有的商标保护制度，为地理标志提供一种相对较弱的保护，既高效便捷，又可以节省司法成本。

一、商标法保护："弱"保护模式

（一）商标法保护模式起源与发展

以商标法保护地理标志的模式由来已久。在1883年《巴黎公约》中就明确了货源标记或原产地名称属于工业产权，可以依据商标法保护地理标志，并且要求各成员国采用法律手段对集体商标提供保护。《巴黎公约》第6条之5规定："除下列情况外，对本条所适用的商标既不得拒绝注册也不得使注册无效：1. 在其要求保护的国家，商标具有侵犯第三人既得权利的性质的；2. 商标缺乏显著特征，或者完全是由商业中用以表示商品的种类、质量、数量、用途、价值、原产地或生产时间的符号或标记所组成，或者在要求给予保护的国家的现代语言中或在善意和公认的商务实践中已经成为惯用的；……"第7条之2规定："（1）如果社团的存在不违反其原属国的法律，即使该社团没有工商业营业所，本联盟各国也承诺受理申请，并保护属于该社团的集体商标。（2）各国应自行审定关于保护集体商标的特别条件，如果商标违反公共利益，可以拒绝给予保护。"第10条规定："（1）前条各款规定应适用于直接或间接使用虚伪的商品原产地、生产者、制造者或商人的标记的情况。（2）凡从事此项商品的生产、制造或销售的生产者，制造者或商人无论为自然人或法人，其营业所设在被虚伪标为商品原产的地方、该地所在的地区，或在虚伪标为原产的国家，或在使用该虚伪原产地标记的国家者，无论如何均应视为利害关系人。"①

《制止商品产地虚假或欺骗性标记马德里协定》第1条第5款规定"（5）如果没有任何特别制裁，以确保压制来源的虚假或欺骗性迹象，则应适用有关商标或商号的法律的相应规定所规定的制裁"②，正式提出了通过商标法对地理标志进行保护。

TRIPS协定允许各成员国可以自由地选择地理标志保护模式，同时对商标法保护模式作出了更多实质性的规定。TRIPS协定第22条第2款规定"二、就地理标识而言，各成员应向利害关系方提供法律手段以防止：（一）在一货物的标志或说明中使用任何手段标明或暗示所涉货物来源于真实原产地之外的一地理区域，从而在该货物的地理来源方面使公众产生误解；（二）构成属《巴黎公约》（1967）第10条之2范围内的不公平竞

---

① 《保护工业产权巴黎公约》第6条之5规定："除下列情况外，对本条所适用的商标既不得拒绝注册也不得使注册无效：1. 在其要求保护的国家，商标具有侵犯第三人的既得权利的性质的；2. 商标缺乏显著特征，或者完全是由商业中用以表示商品的种类、质量、数量、用途、价值、原产地或生产时间的符号或标记所组成，或者在要求给予保护的国家的现代语言中或在善意和公认的商务实践中已经成为惯用的；……"第7条之2规定："（1）如果社团的存在不违反其原属国的法律，即使该社团没有工商业营业所，本联盟各国也承诺受理申请，并保护属于该社团的集体商标。（2）各国应自行审定关于保护集体商标的特别条件，如果商标违反公共利益，可以拒绝给予保护。"第10条规定："（1）前条各款规定应适用于直接或间接使用虚伪的商品原产地、生产者、制造者或商人的标记的情况。（2）凡从事此项商品的生产、制造或销售的生产者，制造者或商人，无论为自然人或法人，其营业所设在被虚伪标为商品原产的地方、该地所在的地区，或在虚伪标为原产的国家，或在使用该虚伪原产地标记的国家者，无论如何均应视为利害关系人。"

② 《制止商品产地虚假或欺骗性标记马德里协定》第1条第5款规定"（5）如果没有任何特别制裁，以确保压制来源的虚假或欺骗性迹象，则应适用有关商标或商号的法律的相应规定所规定的制裁"。

争行为的任何使用。”[①] TRIPS 协定第 22 条第 3 款规定：“三、如一商标包含的或构成该商标的地理标识中所标明的领土并非货物的来源地，且如果在该成员中在此类货物的商标中使用这一标识会使公众对其真实原产地产生误解，则该成员在其立法允许的情况下可依职权或在一利害关系方请求下，拒绝该商标注册或宣布注册无效。”[②] 从各国执行来看，《德国商标法》设立了专门的章节对地理标志保护作了专门的规定，对不同的情况给予不同水平的保护。

（二）商标法保护模式的特点

商标法保护模式完全符合 TRIPS 协定要求的保护标准，解决了各成员国之间因采取的保护模式不同而无法接轨的问题，并且随着马德里体系的日趋完善和商标国际注册体系的完备，地理标志也将会获得越来越多的成员国保护。商标法保护模式具体可以概括为三点：

第一，法律保护效力高，节约立法成本。“商标法”属于狭义上的“法律”，效力层级比部门规章等文件要高，在商业性标记立法中“商标法”是最基础、最具有全局性和代表性的立法，包容力最大，[③] 所以国民对该模式的接受程度较高，也免去了普及新制度需要耗费的物力和财力。

第二，拥有成熟的保护模式，包括注册、管理、维权等体系。可以直接利用已经发展成熟的商标法制度对地理标志进行保护，同时商标维权法

---

① TRIPS 协定第 22 条第 2 款规定：“二、就地理标识而言，各成员应向利害关系方提供法律手段以防止：（一）在一货物的标志或说明中使用任何手段标明或暗示所涉货物来源于真实原产地之外的一地理区域，从而在该货物的地理来源方面使公众产生误解；（二）构成属《巴黎公约》（1967）第 10 条之二范围内的不公平竞争行为的任何使用。”

② TRIPS 协定第 22 条第 3 款规定：“三、如一商标包含的或构成该商标的地理标识中所标明的领土并非货物的来源地，且如果在该成员中在此类货物的商标中使用这一标识会使公众对其真实原产地产生误解，则该成员在其立法允许的情况下可依职权或在一利害关系方请求下，拒绝该商标注册或宣布注册无效。”

③ 参见杨佳倩：《地理标志保护制度概述与我国地理标志保护模式的探讨》，专利法研究（2018）。

律体系完善，无须另设维权途径，面对地理标志侵权行为，权利人拥有便捷且广阔的维权途径，以维护自身的合法权益。

第三，社会监管制约程度高，节约执法资源。在商标法保护模式中，由于集体商标和证明商标的特殊性，如使用权的开放性、所有人与使用人相分离原则、所有人授权他人使用商标并对使用人进行监督等，涉及的利害关系人众多，包括生产者、经营者、竞争对手以及商标权人。由于各种利益关系，这些利益主体之间也会自发监督，可以为地理标志的社会监管提供强有力的支撑。

二、商标法保护模式代表性国家制度考察

（一）美国地理标志商标保护制度

1. 美国地理标志保护制度的历史沿革

美国没有给予地理标志单独的法律地位和注册制度，而是利用商标法保护地理标志，是商标法保护模式的典型代表。半个世纪以来，美国通过证明商标为地理标志提供保护，改变了将地名排除在法定保护之外的传统普通法规则。美国现行的商标法是 1946 年制定的联邦商标法 Lanham Act（以下简称《兰哈姆法案》），该法案首次将这些集体商标纳入美国法律并广泛使用，同时美国烟酒枪械局对葡萄酒和烈酒规定的法规和各州普通法也为地理标志提供保护。美国对地理标志的定义参照 TRIPS 协定，即“表明一个货物起源于一个成员的领土，或该领土上的一个地区或地方，而该货物的特定质量、声誉或其他特征本质上可归因于其地理来源”。[①] TRIPS 协定是对地理标志保护最新、最全的国际公约。其设定的一般保护原则及

① TRIPS 协定第 22 条规定“一、就本协定而言，‘地理标识’指识别一货物来源于一成员领土或该领土内一地区或地方的标识，该货物的特定质量、声誉或其他特性主要归因于其地理来源”。

例外规定，对完善各成员国地理标志保护制度及协调各成员国的立法具有重要指导意义。[①] 美国作为世界贸易组织的成员，有义务遵守 TRIPS 协定。但早在加入 TRIPS 协定之前，美国就有了一个地理标志保护机制，即通过商标法保护。根据 TRIPS 协定，如果成员国已经有了关于其中提到的任何具体制度的国内法，并不强制要求其另外采用一个单独的法律框架保护，因此美国没有为此制定单独的地理标志法。

在美国，地理标志可以受到两种方式的保护：（1）根据商标法，作为证明商标或集体商标；（2）作为葡萄酒的原产地名称。美国选择此种保护模式的原因在于，《美国商标法》法规体系发达，其司法系统从 1946 年就开始采用了商标法保护模式，可以充分利用现有商标法体系对地理标志进行保护。同时，美国在农业整体质量及品牌的构建方面不及欧洲农业大国，利用商标法保护地理标志不但可以节省大量法律运行成本，还能在一定程度上抵制欧洲推行的专门法保护模式，减少欧洲地理标志产品对本国产品的贸易压制。

2. 美国地理标志保护制度的特点

美国没有保护地理标志的专门法律和地理标志的专门管理机构，主要以注册为商标的模式对地理标志进行管理。在此基础上，美国地理标志保护制度主要形成三个特点：第一，地理标志具有和商标一样的功能和地位。在美国，产地与产品的关联性只是声誉问题，无须以产品质量或特征为前提，因此地理标志与商标不存在功能区别。美国把原产地标记直接当作证明商标看待，原产地标记的注册依照商标注册的相关规定执行，原产地标记取得注册后和商标一样受商标法保护。第二，该制度只要求商品与地理来源的关联性，对质量与地理来源的关联性不作要求。将农产品地理标志

① 参见李媛媛：《浅谈 TRIPS 协定下我国地理标志保护之模式选择》，载《中国高新技术企业》2012 年第 17 期。

注册为证明商标或集体商标予以保护利用，是美国商标法保护制度对农产品地理标志保护的核心内容。证明商标表明商品或服务具有某种共同的特征或来自某个共同的地理区域。集体商标是指以团体、协会或者其他组织名义注册，以表明使用者在该组织中的成员资格的标志，证明商品或服务来源于同一组织。第三，相关的专门性问题由申请注册人在管理规则里注明，美国的商标注册机关不对之进行确定。

3. 美国地理标志保护法律运行机制

《美国商标法》第 1054 条规定："集体商标和证明商标的可予注册：根据有关商标注册的规定（只要适用），集体商标和证明商标，包括地理标志，可以由对申请注册的商标的使用行使合法控制的个人、民族、州、市等依照本章的规定，以与商标相同的方式进行注册并具有相同的效力。即使没有工商机构，在注册后，就商标而言，也有权享受本章规定的保护，但使用证明商标虚假地表示其所有人或者使用人制造、销售使用该商标的商品或者提供与其有关的服务的证明商标除外。本条规定的申请和程序应尽可能符合为商标注册所规定的程序。"① 美国联邦商标的注册，有主登记册与副登记册之分。一般来说，商标注册申请会提交申请到主登记册中注册。如果未达到注册条件不被接受，应该再在副登记册中提交申请注册，如满足条件，可先在副登记册中注册。美国专利和商标局作为监督和授予的地理标志的机构，同时保护地理标志商品和服务，既行使批准和拒绝申请的权力，同时也要负责处理任何形式的反对行为。美国专利和商标局的官方网站和登记册提高了公众对地理标志申请和批准授予信息之间的透明

① 《美国商标法》第 1054 条规定："集体商标和证明商标的可注册：根据有关商标注册的规定（只要适用），集体商标和证明商标，包括地理标志，可以由对申请注册的商标的使用行使合法控制的个人、民族、州、市等依照本章的规定，以与商标相同的方式和具有相同的效力进行注册。即使没有工商机构，在注册后，就商标而言，也有权享受本章规定的保护，但使用证明商标虚假地表示其所有人或者使用人制造、销售使用该商标的商品或者提供与其有关的服务的证明商标除外。本条规定的申请和程序应尽可能符合为商标注册所规定的程序。"

度，它还包含与商标和上诉有关的审判的细节。申请人提交商标申请后，美国专利和商标局审查处将对该申请进行审查，发现申请人无权登记的，审查员应当及时告知申请人及其理由。申请人有6个月的时间答复或修改申请，申请人未能在规定时间段内答复、修改或上诉，该申请应视为已被放弃。《美国商标法》第1052条（e）规定“任何可以将申请人的商品与他人的商品区分开来的商标，不得因其性质而被拒绝在主注册簿上注册，除非（1）在申请人的货物上或与申请人的货物仅仅是描述性或虚假描述的标记，（2）在申请人的货物上主要是地理上的描述，根据本标题第1054条登记的除外”。[①] 因此，美国专利和商标局有义务拒绝注册任何对与该商标相关的销售商品“主要是地理描述性的”或“主要是在地理上欺骗性的错误描述”的商标，但“区域原产地标志”可能被注册为证明或集体商标的明确例外。

若申请经审查合格，美国专利和商标局应当出具商标注册证书，注册通知应当在官方公报上刊登。美国的地理标志商标只有在联邦一级注册，如果没有注册成功，还可以通过各州普通法的商标法和反不正当竞争法来保护。例如，法国著名的“干邑”葡萄酒（COGNAC），来源于法国西南部夏朗德省的一个市镇COGNAC的白兰地，在美国就是通过普通法获得保护。[②]

第一，证明商标对地理标志的保护。《美国商标法》第1127条对证明商标的定义规定为“系指任何文字、名称、符号或装置，或其任何组合，（1）由所有者以外的人使用；（2）其所有者有善意意图允许该所有者以外的人在商业中使用，并向根据本章建立的主登记册提出注册申请，以证明

---

① 《美国商标法》第1052条（e）规定“任何可将申请人的商品与他人的商品区分开来的商标，不得因其性质而被拒绝在主注册簿上注册，除非（1）在申请人的货物上或与申请人的货物仅仅是描述性或虚假描述的标记，（2）在申请人的货物上主要是地理上的描述，根据本标题第1054条登记的除外”。

② 参见许文温：《美国地理标志保护法律制度研究》，载《山西煤炭管理干部学院学报》2009年第3期。

该人的货物或服务的地区或其他来源，材料，制造方式，质量，准确性或其他特征，或者货物或服务的工作或劳动是由工会或其他组织的成员执行的”。[①] 美国的证明商标有三种：一是证明这种产品或服务的地区或来源，二是证明产品符合使用材料、制造方式、质量、准确性或其他特征的标准，三是证明由某一团体或其他组织的成员在该产品或服务上从事工作或劳动。在此地理标志应当是符合第一种情形的证明商标。证明商标的注册人既需要制定标准，又必须具备检测和监督能力，为了体现公平公正，美国制定了商标注册人不得使用证明商标的规则（Anti-use by owner rule），即证明商标的注册人可以许可任何符合要求的生产者使用该证明商标，而自己却不能使用。对于地理标志证明商标的注销与普通证明商标并无二致，《美国商标法》第 1064 规定了注册商标取消登记的情况，即“在任何时候，如果注册人（A）不控制或不能合法地控制该商标的使用，或（B）从事该证明商标所适用的任何商品或服务的生产或营销，或（C）允许将该证明商标用于认证以外的目的，或（D）歧视性地拒绝核证或继续核证任何维持该标记所核证的标准或条件的人的货品或服务”。

第二，集体商标对地理标志的保护。《美国商标法》第 1127 条对集体商标的定义规定为：“集体商标是指（1）合作社、协会或者其他集体团体、组织的成员使用的商标或服务商标；（2）该合作社、协会或其他集体团体或组织有善意地作为商务使用，并申请在主登记册上登记，表明在工

---

① 《美国商标法》第 1127 条规定证明商标“系指任何文字、名称、符号或装置，或其任何组合（1）由所有者以外的人使用；（2）其所有者有善意意图允许所有者以外的人在商业中使用，并向根据本章建立的主登记册提出注册申请，以证明该人的货物或服务的地区或其他来源，材料，制造方式，质量，准确性或其他特征，或者货物或服务的工作或劳动是由工会或其他组织的成员执行的”。

会、协会或其他组织中的成员资格的标志。”[①] 美国的集体商标有两种类型，第一类是标志属于集体产品或者集体服务的商标，供集体或集体成员在产品销售用，其目的是将销售的产品或者服务与他人的区别开来。第二类是标志其集体成员资格或者身份的商标，目的是证明集体成员的资格或者身份。地理标志商标应当属于第二种集体商标，表明其产品或服务来自特定的地区，是一种身份证明。集体商标不禁止商标所有人使用该商标。[②] 无论是注册为证明商标还是集体商标的地理标志，在权利救济方面都受到《美国商标法》的保护。《美国商标法》第1125条规定：“（一）任何人在商业活动中使用任何词语、术语、名称、符号或装置，或其任何组合，在任何货物、服务或货物容器上粘附或使用无论文字或者符号标识，伪称商品的原产区或进行任何虚假的描述或说明，（A）可能造成混淆、错误或欺骗的（B）在商业广告或促销中，歪曲他或她或他人的商品、服务或商业活动的性质、特征、品质或地理来源，任何人认为他或她受到或可能受到此类行为的损害的，应在民事诉讼中承担责任。”任何人认为自己被伪称原产区的商品欺骗，或因为任何虚假的描述或说明受到损害，都可以向给自己造成损害的人提起民事诉讼。

（二）澳大利亚地理标志商标保护制度

1. 澳大利亚地理标志保护制度的历史沿革

《澳大利亚商标法》第6条规定了地理标志的定义：“就货物而言，地理标志是指表明货物起源于某国或该国的一个地区或地方，其中货物的特

---

① 《美国商标法》第1127条规定：“集体商标是指（1）合作社、协会或者其他集体团体、组织的成员使用的商标或服务商标；（2）该合作社、协会或其他集体团体或组织有善意意图在商业中使用，并申请在本法设立的主登记册上登记，表明在工会、协会或其他组织中的成员资格的标志。”

② 参见王笑冰：《论地理标志的法律保护》，中国人民大学出版社2006年版，第25页。

定质量、声誉或其他特征基本上可归因于其地理来源。”[①] 在澳大利亚，地理标志保护有两种方式：一是葡萄酒产品注册为葡萄酒地理标志，用专门澳大利亚葡萄酒地理标志专门制度予以保护；二是除葡萄酒外的所有产品注册为地理标志证明商标，根据《澳大利亚商标法》作为特殊的商标保护。[②]《澳大利亚商标法》从1995年开始制定，目前最新修订是在2020年。

澳大利亚为葡萄酒地理标志设立了独立的注册体系，使其与其他产品地理标志分开。[③] 最初为保护葡萄酒制定了《1980年澳大利亚葡萄酒和白兰地管理机构法》，该法规定澳大利亚葡萄酒和白兰地管理机构（Australian wine and Brandy Cooperation）拥有广泛的权力和职能，涉及在国内和出口市场推广澳大利亚葡萄酒，以及监管澳大利亚葡萄酒行业，管理任何根据国际葡萄酒贸易协定而建立的澳大利亚葡萄酒法。[④] 1994年1月，澳大利亚葡萄酒和白兰地管理机构成立了地理标志委员会（GIC）。它决定了澳大利亚的地理标志的名称和边界。地理标志申请注册时会被公告，允许其他人根据先前的商标权提出反对。该委员会制定了《受保护的名称登记册》，记录着所有在澳大利亚注册的葡萄酒地理标志和签订双边或多边协议受保护的其他国家的葡萄酒地理标志，包括欧盟与澳大利亚葡萄酒协议和未来可能签订的任何其他规定的贸易协议中所包含的名称和表达。2013年该法被修订，澳大利亚颁布了《2013年澳大利亚葡萄酒法案》沿用至今。2018年澳大利亚出台了根据《2013年澳大利亚葡萄酒法案》制定的《2018年

---

① 《澳大利亚商标法》第6条规定：“就货物而言，地理标志是指表明货物起源于某国或该国的一个地区或地方，其中货物的特定质量、声誉或其他特征基本上可归因于其地理来源。”

② 焦雅琳、张秀秀、曾旻辉等：《澳大利亚和中国地理标志保护的比较》，载《中华商标》2018年第9期。

③ 焦雅琳、张秀秀、曾旻辉、吴平、何平：《澳大利亚和中国地理标志保护的比较》，载《中华商标》2018年第9期。

④ See Important information for Applicants for Class 33 Trade Mark Registrations (which include wines).

澳大利亚葡萄酒条例》，对葡萄酒地理标志保护进行了详细规定，包括葡萄酒出口的程序与条件、对葡萄酒的描述等。此外，澳大利亚各州法律、联邦法案、普通法和《澳大利亚—新西兰食品标准法典》等多种法律规定也为地理标志提供保护。①

2. 所有产品的地理标志商标保护

在澳大利亚地理标志可以注册为证明商标获得保护，该商标向消费者表明产品来自特定地理区域，因此必须具有该区域特有的一系列品质或声誉，即显著性。《澳大利亚商标法》第169条规定："证明商标是一种用来或打算用来区分商品或服务的标志：(a) 是在贸易过程中处理或提供的；(b) 和由个人（证明商标的所有人）认证的，或由该人批准的其他人的质量、准确性或其他特征，包括（在货物）原产地、材料或制造方式；来自在贸易过程中处理或提供但未经认证的其他货物或服务。"② 与美国证明商标制度不一样的是，澳大利亚的证明商标经认证的货物或服务可以是任何人的货物或服务，包括该证明商标的所有人或该所有人为认证货物或服务而批准的任何人。具有法人资格的实体可申请地理标志证明商标，该实体可以是一个地区内生产者组成的联合协会、中央组织、地方或州当局。申请人向澳大利亚知识产权局提交证明商标申请的同时还需要附上有关证明商标使用规则，这些规则必须明确规定：(a) 对货物和/或服务必须符合适用于它们的认证要求；(b) 确定货物和/或服务的过程是否满足认证要求；(c) 负责评估货物和/或服务的人是否符合证明要求的属性；(d) 证明商标的所有人或认可使用者在商品和/或服务中使用证明商标的要求；(e) 关于证明商标拥有人获批准使用者使用证明商标的其他要求；(f) 解决有关货物和/或服务是否满足认证要求的争议的程序；(g) 解决与证明

① 参见原琪：《澳大利亚对地理标志的保护》，载《中华商标》2003年第10期。

② 《澳大利亚商标法》第6条规定："就货物而言，地理标志是指表明货物起源于某国或该国的一个地区或地方，其中货物的特定质量、声誉或其他特征基本上可归因于其地理来源。"

商标有关的任何其他问题的争议的程序；以及澳大利亚竞争与消费者委员会（ACCC）要求的其他资料。若是澳大利亚竞争与消费者委员会批准该规则，将会把该商标一并公告于澳大利亚知识产权局网站，接受广大群众的监督和质疑。商标所有人拥有专用权后，有以下权利和义务：（1）有权许可其他人使用该商标；（2）监督商标的使用，以确保获批准的贸易商继续遵守规则并对证明商标地理标志进行保护，包括核验产品是否符合卫生和健康标准，是否具备相应的产品规格或质量；（3）监控任何未经授权使用证明商标地理标志的侵权行为，防范未得到授权的相同或类似商品上，使用实质上相同或相似致使消费者受蒙骗的标记；（4）对侵权行为可诉诸民事救济，包括禁令和损害赔偿。

地理标志证明商标同样可以被提出异议并拒绝注册，《澳大利亚商标法》第61条规定："对含有地理标志的特定商品的商标注册，可以提出异议，理由是该商标含有或者由一种标志组成，该标志是源自下列地区的商品（指定商品）的地理标志：（a）国家，或者有关货物原产国以外的国家的地区或者地方；或（b）有关货物原产国的地区或者地点，但有关货物原产国的地区或者地点除外；如果相关商品与指定商品相似，或者在相关商品上使用商标可能会造成欺骗或混淆。"① 异议人可以依据商标名称包含虚假地理标志、商标名称由虚假地理标志组成、商标名称违反法律规定等多种原因提出异议。注册为证明商标的地理标志可以基于各种理由被取消，包括：无法起到区分于其他产品的作用；与早期的商标或证明商标地理标志混淆性相似；很可能会导致欺骗或引起混淆；被称为被普遍接受的有关商品的描述或名称，或已成为通用名称；商标所有人不再有资格进行认证；

① 《澳大利亚商标法》第61条规定："对含有地理标志的特定商品的商标注册，可以提出异议，理由是该商标含有或者由一种标志组成，该标志是源自下列地区的商品（指定商品）的地理标志：（a）国家，或者有关货物原产国以外的国家的地区或者地方；或（b）有关货物原产国的地区或者地点，但有关货物原产国的地区或者地点除外；如果相关商品与指定商品相似，或者在相关商品上使用商标可能会造成欺骗或混淆。"

其证明商标使用规则对公众有害；商标所有人或被批准的用户不符合其证明商标使用规则。[①] 注册为证明商标的地理标志有效期为 10 年，由提交日期起计算，证明商标地理标志的所有人并可在该期限届满前续展。如果不续展，注册将失效，保护也将终止。

3. 葡萄酒地理标志的专门立法保护

目前，澳大利亚葡萄酒地理标志专门制度主要依据的法律是《2013 年澳大利亚葡萄酒法案》和《2018 年澳大利亚葡萄酒条例》。根据《2013 年澳大利亚葡萄酒法案》，澳大利亚葡萄酒地理标志的申请主体为：酿酒商协会，酿酒葡萄种植者组织、在州或地域内代表酿酒师的组织，在州或地域内代表酿酒葡萄种植者的组织，酿酒商或酿酒葡萄种植者。[②] 葡萄酒产品是指："（a）在澳大利亚用规定商品生产的葡萄酒；（b）在澳大利亚从任何此类葡萄酒中蒸馏而成的白兰地；（c）在澳大利亚用规定商品生产的葡萄酒，适用于葡萄酒的强化或白兰地的制造；（d）就本法而言，法规宣布为葡萄产品的产品（或全部或部分源自规定商品的规定商品）。"[③] 这里的规定商品为新鲜葡萄、干葡萄或者葡萄汁（无论是单一浓度还是浓缩）。《2013 年澳大利亚葡萄酒法案》还设立了澳大利亚葡萄酒管理局、地理标志委员会和澳大利亚葡萄酒评选委员会。其中，地理标志委员会负责审核与澳大利亚各地区的葡萄酒地理标志的申请；确定适用于此类地理标志的

① 澳大利亚知识产权局官网，https://www.ipaustralia.gov.au/trade-marks/what-are-trade-marks/types-of-trade-marks/geographical-indications-and-trade-marks.

② 《2013 年澳大利亚葡萄酒法案》第 40R 条规定："以下任何一项均可书面申请委员会确定澳大利亚某一地区或地区的地理标志：（a）酿酒师组织；（b）葡萄酒葡萄种植者组织；（c）代表州或地区酿酒师的组织；（d）代表州或地区葡萄种植者的组织；（e）酿酒师；（f）酿酒葡萄种植者。"

③ 《2013 年澳大利亚葡萄酒法案》第 4 条规定："葡萄酒产品是指：（a）在澳大利亚用规定的商品生产的葡萄酒；（b）在澳大利亚从任何此类葡萄酒中蒸馏而成的白兰地；（c）在澳大利亚用规定的商品生产的葡萄酒，适用于葡萄酒的强化或白兰地的制造；（d）就本法而言，法规宣布为葡萄产品的产品（规定商品或全部或部分源自规定商品的产品）。"

使用条件；对澳大利亚葡萄酒地理标志的疏忽作出决定；和该法授予委员会的任何其他职能。在作出批准同意葡萄酒地理标志之前，地理标志委员会必须公开发出公告，列出拟推荐的葡萄酒地理标志并允许公众提出书面异议，公告中规定提出异议的时间不得少于一个月内。

注册成功的葡萄酒地理标志，并不强制必须使用，但在使用时必须符合《2013 年澳大利亚葡萄酒法案》的要求。《2013 年澳大利亚葡萄酒法案》规定若葡萄酒的描述和展示不符合该法所订明的有关葡萄酒的描述和展示的任何规定，则会被认为具有误导性，将构成犯罪。任何人在葡萄酒商品标签加上地理标志，需要在符合葡萄酒定义的标签上声明年份、品种和地理标志。《2018 年澳大利亚葡萄酒条例》第 24 条规定如果葡萄酒是由种植在多个国家的葡萄制成的，那么葡萄酒的描述和展示必须确定来自每个国家的葡萄酒的比例。（2）为确定原产国和每个国家的比例，不包括从葡萄中提取的添加剂的数量，其总数不超过 20 毫升/升。《AGWA 条例 2018》第 25 条、第 26 条规定了注册地理标志的使用规则："……（2）根据该法第 40F（6）款的目的，如果产自澳大利亚的葡萄酒来自 2 个或 2 个以上品种，只有从该品种获得至少 850 毫升/L 的葡萄酒，才可以被描述为单一品种。（3）就本法案第 40F（6）款而言，如果对产自澳大利亚的葡萄酒的描述和展示涉及一种以上的品种：（a）描述和表示必须按降序列出品种它们在葡萄酒中所占的比例；（b）在描述和陈述中提到的每个品种在葡萄酒的成分中必须比任何未命名的品种占更大的比例；（c）总的来说，必须从指定的品种中获得至少 850 毫升/升的葡萄酒。（4）为确定第（2）或（3）款规定的品种的比例，不包括用于可能的甜味剂和微生物培养的产品的数量，其总数不超过 50ml/L。（5）就本节而言，强化葡萄酒的体积计算应不包括添加到葡萄酒中的葡萄烈酒或白兰地（或两者）。"

三、商标法保护模式考察对我国的启示

出于对本国产品的保护，以美国、澳大利亚等为代表的国家倾向于弱化对地理标志的保护，极力倡导商标法保护模式。美国、澳大利亚等移民国家有着与欧洲相同的饮食习惯，却并非这些传统产品的原产国，但也大量生产、消费甚至出口同类产品，因此将地理标志视为与普通商标一样的私权客体，对地理标志难以给予充分的保护。我国的基本国情不一样，在悠久的历史长河中，我国各地各族劳动人民凭借代代相传的知识和智慧，利用天时地利和人文等条件，发现、培育、创造和传承了不胜枚举的地方特色农产品、加工产品、手工艺品，以及中医药和非遗等领域的传统知识产品；有的地方特产和传统项目长期以来积累了极高的品质和声誉，成为驰名全球的中华传统优质产品和文化符号。[①] 所以强化地理标志保护更为重要。我国应当在汲取商标法保护地理标志经验的同时，顺势而为，选择正确的地理标志保护模式，完善地理标志保护体系，促进我国的传统特色产业发展。

（一）商标法保护模式不利于我国地理标志长远发展

商标法保护模式经过了长时间的发展和磨合，整体的保护体系已经成熟和稳定，采用商标法保护模式保护地理标志虽然节约了立法成本和法律运行成本，但是也存在以下几个劣势，无法为地理标志提供更完整的保护。

第一，地理标志的人文价值容易被忽视。商标法保护模式将地理标志完全纳入商标中保护，将其与商标同等对待，忽视了地理标志的“主要是由该地区的自然因素或者人文因素所决定的”本质属性，将会导致地理标志的人文价值被埋没。

---

① 参见管育鹰：《地理标志保护：国际协调与国内制度完善》，载《贵州省党校学报》2023 年第 4 期。

第二，缺乏技术审查，质量监管不严。商标法保护模式中地理标志的申请注册时间周期快，较少涉及技术审查，列为必须审查的对象通常是地理标志的三要素（产地、品质及关联性），对于地理标志产品的特殊品质与产地环境的关联性审查不够，同时规范化和具体化的操作规定不充分，因而对商品质量缺乏硬性要求，[①] 这种随意性会拉低对地理标志的保护标准，不利于地理标志的保护。

第三，部分地理标志难以注册成功。尽管地理标志在商标法保护模式下通过商标的国际注册机制能够获得在国际上的知识产权保护，但在注册时会面临商品分类目录不适用的困境，一些地域特色的地理标志产品并没有囊括在尼斯分类表中，无法找到合适的类别，导致这些产品仅凭借商标法难以获得注册登记保护。

第四，商标法保护模式保护力度较弱，维权较为困难。因为权利救济途径主要是通过司法程序，在商标侵权的判断方面，无论是地理标志还是普通商标都需要达到“混淆”的条件，这种标准，对于一些滥用、模仿、联想地理标志的侵权行为难以举证和有效打击，维权人承担举证责任的同时还要花费大量的时间和财力。

（二）构建专门立法保护的地理标志体系

地理标志是重要的知识产权客体，是促进区域特色经济发展的有效载体，是推进乡村振兴的有力支撑，是推动外贸外交的重要领域，是保护和传承传统优秀文化的鲜活载体，也是企业参与市场竞争的重要资源。[②] 我国对地理标志理论研究和制度建设起步较晚，在构建体系时直接在立法上吸收了各国的经验，但体系的不成熟导致目前的地理标志保护管理较为混

---

① 参见杨佳倩：《地理标志保护制度概述与我国地理标志保护模式的探讨》，国家知识产权局条法司编：《专利法研究（2018）》，知识产权出版社2020年版。

② 参见苏沛华：《共同富裕背景下地理标志产业发展探析》，载《中国市场监管研究》2023年第2期。

乱。由于我国的地理标志数量和规模基数较大，由来已久的自然因素和人文因素情况较为复杂，地理标志涉及较多农户的广大利益，商标法保护模式难以形成一个完全的、科学的保护模式。应当构建专门立法保护的地理标志体系，通过制定单独的立法和成立单独的地理标志保护管理机构进行细化管理，界定地理标志权，明确地理标志的使用和监督管理，更好地发挥出地理标志的价值。

第三节　地理标志反不正当竞争法保护模式

根据地理标志保护的特殊性及本国的法律渊源与立法习惯，各国采取了不同类型地理标志保护模式，较之于前两种地理标志保护模式，反不正当竞争法保护模式更为普遍，具有提供“兜底性”地理标志保护的特点，日本、德国均采取此种模式对地理标志进行保护。反不正当竞争法保护模式的核心在于，通过反不正当竞争方式防范未经许可使用地理标志的假冒、欺骗行为发生，为地理标志权利人提供法律保障。此外，采用反不正当竞争法保护模式并非意味着采取单一保护模式，亦可同时通过专门法或商标法保护模式对地理标志进行保护。

一、反不正当竞争法保护：“兜底”保护模式

（一）反不正当竞争法保护模式的起源与发展

地理标志反不正当竞争法保护模式最早源于《巴黎公约》。《巴黎公约》第 1 条明确了货源标记或原产地名称属于工业产权保护对象，第 10 条明确了不正当竞争的保护规则，对地理标志的前身——原产地名称和生产者标记进行反不正当竞争法保护，为地理标志反不正当竞争法保护模式奠定基础。《巴黎公约》第 10 条之一规定了对虚假标记的处罚措施，明确了

对原产地标记虚假使用的商品将被扣押[①]。第10条之二，为不正当竞争确立条款，第1款确立了不正当竞争的保护，要求成员国应当对不正当竞争行为采取有效保护措施。第2款将不正当竞争行为主要界定为“在工商业事务中违反诚实经营的行为”。第3款规定了不正当竞争的具体行为情况，将不正当竞争行为分为三大类：（1）造成混淆的行为，即在市场经济活动中，容易让他人对某企业产品或服务来源产生混淆、导致市场秩序混乱的行为。若混淆的可能性具有与实际混淆相当的有害影响，也将构成不正当竞争行为。（2）误导性行为，即可能会使公众对竞争对手的产品或服务造成错误印象的行为。误导性行为可以采取声明的形式，对企业的产品或服务作出不正确的指示或指控。例如，有关产品制造过程的误导性陈述可能与产品的安全性有关，并造成错误印象。（3）损害商誉或声誉的行为，即在商业经营中会损害竞争对手商业信誉的行为。任何降低他人产品的独特性、外观或价值的行为都有可能会损害他人的商誉或声誉。例如，任何淡化商标效力的行为都被认为是不公平的，因为它可能会破坏商标的原创性和显著性。其他可能被归类为不正当竞争的行为还包括诋毁他人企业或其活动、工业或商业间谍活动，以及对机密信息采取不公平的行为，如违约或失信。[②] 第10条之三，明确了不正当竞争的救济手段和起诉权。第1款明确了成员国应当采取法律救济手段的义务，即成员国应当保证《巴黎公

① 《巴黎公约》第10条之一：对带有假冒原产地和生产者标记的商品进口时予以扣押适用于直接或间接使用商品原产地的虚假标记，或生产者、制造者或商人身份的虚假标记；生产、制造或销售此项商品的生产者、制造者或商人，无论为自然人或法人，其企业设在被冒称原产地标记的地方、地区或国家或在使用该虚假标记的国家者，均应视为有关当事人。

② 《巴黎公约》第10条之二：（一）本同盟成员国必须对各该国国民保证予以取缔不正当竞争的有效保护。（二）凡在工商业活动中违反诚实经营的竞争行为即构成不正当竞争的行为。（三）特别禁止下列情况：（1）采用任何手段对竞争对方的企业、商品或工商业活动造成混乱的一切行为；（2）在经营商业中利用谎言损害竞争对方的企业、商品或工商业活动的信誉的；（3）在经营商业中使用会使公众对商品的性质、制造方法、特点、使用目的或数量发生混乱的表示或说法。

约》其他成员国的国民能够获得有效地制止不正当竞争行为的适当法律救济手段。第2款明确了成员国的起诉权，当不正当竞争性行为发生时，被侵权主体或者代表主体有权向相应的法庭或行政主管机关提出控诉，以制止不正当行为的持续发生。①

地理标志反不正当竞争法保护模式随着《发展中国家原产地名称和产地标记示范法》和TRIPS协定的生效实施日渐完善。1966年《发展中国家原产地名称和产地标记示范法》在日内瓦通过，其第50条将不公平竞争行为定义为"违反工业或商业事务中诚实做法的任何竞争行为"，第51条明确地理标志的前身——产地标记和原产地名称的不正当行为包括：(1)使用虚假产地标记或是进行虚假说明；(2)使用虚假或有欺骗性的原产地名称或仿冒原产地名称。同时，第51条还规定相关主体可以实施制止上述两类不正当竞争的非法行为。② 随着1994年TRIPS协定的签订，地理标志反不正当竞争法保护模式得到进一步深化。TRIPS协定第22条规定了"关于地理标志的保护"，在第2款第2项继承《巴黎公约》第10条之二中的不公平竞争行为的相关规定，要求成员国应当提供相应法律措施应对不正当

① 《巴黎公约》第10条之三：(一) 本同盟成员国约定，对本同盟其他成员国国民，保证其可以采取适当的法律补救措施，以有效地制止第九、第十和第十条之二中的一切行为。(二) 它们并约定采取措施，准许其成立并不违反各该国法律的、代表有关的工业家、生产者或商人的联合会和社团，在向之请求保护的国家法律允许该国的联合会和社团可以采取同样行动的范围内，向法庭或有关行政机关控告，要求制止第九、第十和第十条之二中的行为。

② 《发展中国家商标、商号和不正当竞争行为示范法》：第51条〔产地标记和原产地名称的滥用〕(一) 下列行为是非法的：(1) 直接或间接对商品或服务使用虚假的或有欺骗性的产地标记，或对其生产者、制造者或供应者本身使用虚假或有欺骗性的说明；(2) 直接或间接使用虚假或有欺骗性的原产地名称，或仿冒原产地名称，即使在产品上注明了真正的原或该名称是以翻译的形式或随附诸如"种类"、"型类"、"样式""仿制品"或类似用语时，亦同。(二) 任何主管当局以及任何有关的人、协会、辛迪加，特别是可能正确地用上述标记或名称来指明其商品或服务的生产者、制造者或商人，都可以实行制止或抑止上款所提到的非法行为，或通过代表他们的辛迪加或协会来达到该目的。

竞争行为的发生。[①] 在“未披露信息的保护”章节，第 39 条确立了各成员国在《巴黎公约》第 10 条之二规定的不公平竞争保护过程中应对相应数据进行保密的义务。在“对协议许可中限制竞争行为的控制”章节，第 40 条对限制竞争的行为进行规范，限制不利于贸易及技术转让与传播的知识产权许可活动，并明确各成员国可以在国内立法中规定知识产权滥用导致不正当竞争的特定情形。[②]

（二）反不正当竞争法保护模式的特点

1. “兜底性”保护

以反不正当竞争法对地理标志进行保护的模式具有“兜底性”保护的特点。一般而言，地理标志保护通常采取专门法保护模式或商标法保护模式，但并不意味着采取专门法保护模式或商标法保护模式的国家排斥以反不正当竞争法对地理标志进行保护。随着地理标志保护力度在世界范围内的增强，除了注重制定专门法或商标法保护地理标志，有的国家还同时在反不正当竞争法中规定了地理标志保护的相应条款，典型如日本、德国等国家在制定相应的地理标志法或商标法后，仍然注重反不正当竞争法对地理标志的保护。从法律适用的角度出发，地理标志法或商标法是地理标志保护的特别法，应当优于作为一般法的反不正当竞争法进行适用。因此，在已经采取了专门法保护模式或商标法保护模式的国家，反不正当竞争法主要是作为“兜底性”的一种地理标志保护模式存在，当地理标志法和商

---

① TRIPS 协定第 22 条第 2 款第 2 项：各成员应向利害关系方提供法律手段以防止：（二）构成属《巴黎公约》（1967）第十条之二范围内的不公平竞争行为的任何使用。

② TRIPS 协定第 40 条：一、各成员同意，一些限制竞争的有关知识产权的许可活动或条件可对贸易产生不利影响，并会妨碍技术的转让和传播。二、本协定的任何规定均不得阻止各成员在其立法中明确规定在特定情况下可构成对知识产权的滥用并对相关市场中的竞争产生不利影响的许可活动或条件。如以上所规定的，一成员在与本协定其他规定相一致的条件下，可按照该成员的有关法律法规，采取适当的措施以防止或控制此类活动，包括诸如排他性返授条件、阻止对许可效力提出质疑的条件和强制性一揽子许可等。

标法无法适用时，反不正当竞争法才会发挥出其保障市场公平的核心作用，从不正当竞争角度维护地理标志权利人相关权益。

2. “被动性”保护

以反不正当竞争法对地理标志进行保护的模式具有“被动性”保护的特点。专门法保护模式和商标法保护模式要求对地理标志进行相应注册程序方可获得权利而受到法律保护，地理标志权利人可以通过对权利的积极使用来维护其合法拥有的地理标志权益，而反不正当竞争法保护模式目的核心在于维护市场的公平竞争，没有直接赋予权利人相关的权利，一般是在权利遭受侵害之后才通过制止不正当竞争行为的方式对权利进行维护，是一种消极被动的维权方式，属事后补偿性的保护。譬如，在非出产于相关地区的商品或者服务上使用该地区的地理标志，会误导和欺骗消费者，而且此种使用还可能侵害真正有权使用该标识的人的声誉，反不正当竞争法从禁止误导的角度，可以用于制止这种行为以保护地理标志相关权益。

二、反不正当竞争法保护模式代表性国家制度考察

（一）日本地理标志反不正当竞争法保护制度

日本注重对地理标志的立法保护，兼采专门法保护模式、商标法保护模式和反不正当竞争法保护模式，但相对而言，日本的地理标志反不正当竞争法保护模式更为典型。虽然日本在2014年颁布了《特定农林水产品等名称保护相关法律》(地理标志法)，并于2015年6月1日开始施行，标志着日本进入地理标志专门法保护时期，但日本早在1934年就开始以反不正当竞争法保护地理标志，对地理标志保护仍产生了重要影响，使得日本成为地理标志反不正当竞争法保护模式代表性国家之一。

1. 关于原产地不正当竞争行为的定义

为了符合国际条约《巴黎公约》的相关要求，日本于1934年出台了

《反不正当竞争法》，加入了原产地标识的相关规定，对涉及原产地标识的不正当竞争行为进行规制。日本《反不正当竞争法》第 1 条第 1 款第 3 项对原产地标识的不正当竞争行为进行了规定，即“在商品或其广告上，或者用可以使公众得知的方法在交易的文件或通信上对原产地作出虚假的表示，或者贩卖、推销或输出已经作了这种虚假表示的商品以致使人对原产地产生错认的行为”。

2. 处罚规则

日本《反不正当竞争法》第 21 条第 2 款第 5 项规定了假冒原产地标识的处罚规定，“在商品或劳务或其广告或交易中使用的文件或通信中，对该商品的原产地、质量、内容、制造方法、用途或数量或其劳务的质量、内容、用途或数量进行了误认的虚假陈述的（第 1 项所示者除外）”，将被处五年以下有期徒刑或 500 万日元以下罚金，或两者并处。将假冒原产地标识不正当竞争行为纳入刑罚规定，体现了日本对地理标志保护的重视程度，是日本在地理标志专门法出台之前地理标志能够获得有效保护的重要立法规定。以“京之柿茶”原产地误认为例，对于既不使用京都出产的材料，也不是在京都制造、加工的柿叶茶，却带有“京之柿茶”等标记进行商品销售，“很多人会理解为表示被告商品的制造地或者其原材料的生产地是京都市及其周边或者京都府”，因此构成了《反不正当竞争法》第 1 条第 1 款第 3 项的不正当竞争行为。

（二）德国地理标志反不正当竞争法保护制度

德国也是长期使用反不正当竞争法对地理标志进行保护代表性国家之一。虽然德国在 1994 年修订《商标和其他标志保护法（商标法）》，其中第六部分第 126 条及之后详细地对地理标志保护进行了系统规定，标志着德国地理标志保护进入商标保护时期，但德国《反不正当竞争法》仍适用于地理标志的相关保护，并发挥着重要作用。

1. 关于地理来源的误导性商业行为保护规定

德国《反不正当竞争法》第 3 条明确规定，对足以明显地损害竞争者、消费者或其他市场参与者利益的不正当商业行为予以禁止，包括未经必须的许可而使用优质标志、质量标志或类似标志，谎称企业或其经营行为、商品或服务获得了来自官方或私立机构的认证、批准或许可，或者谎称满足了该认证、批准或许可的条件等行为。第 5 条对误导性商业行为进行界定，即可能使消费者或其他经营者作出本不该作的交易决定的商业行为。构成误导性商业行为包含虚假陈述或者其他对于下列情形所作的足以引人误解的陈述："商品或服务的主要特征，如可用性、类型、规格、优点、风险、成分、配件、生产的流程或生产时间、商品的交付或服务的提供、适用目的、使用、数量、特性、客户服务及投诉程序、地理或企业来源、使用该商品或服务可以预期的结果、商品或服务检测的主要组成部分及其结果"等，明确将商品或服务的地理或企业来源特征情形纳入误导性情形之一。[①] 该条作为德国地理标志反不正当竞争法保护制度的核心条款，奠定了地理标志反不正当竞争法保护基础。

2. 处罚规则

德国《反不正当竞争法》第二章规定了不正当竞争的法律后果。其第 8 条规定了排除妨碍的法律责任，"依照第 3 条或第 7 条的规定，行为人实施非法交易行为，可以请求其排除妨害，在有再犯危险的情况下，可以请求其不作为。"第 9 条规定了损害赔偿的法律责任，"行为人故意或过失地

---

① 德国《反不正当竞争法》第 5 条：(1) 不公平是指任何人实施误导性商业行为，能够诱使消费者或其他市场参与者作出他本不会作出的商业决定的行为。(2) 如果商业行为包含不真实的信息或其他适合欺骗的信息，涉及以下情况，则该商业行为具有误导性：①商品或服务的基本特征，例如可用性、性质、设计、利益、风险、成分、配件、制造过程或时间、交付或性能、适用性、使用可能性、数量、质量、客户服务和投诉程序、地理或运营来源、预期使用结果或商品或服务测试结果或基本组成部分。

从事第 3 条或第 7 条所列举的被禁止的交易行为，就有义务赔偿竞争参与者因此而产生的损失。”此外，该法还在第 16 条特别强调了对虚假广告的刑事处罚，“一、行为人故意营造特别优惠的假象，并在公开的告示中或者针对较大范围之多数人的通告中，通过虚假的陈述进行引人误解的广告的，处以两年以下徒刑或罚金。二、行为人在商业交易中，通过向消费者承诺其可以从举办者本身或第三人那里获得特殊利益，以此促使其接受商品、服务或权利，且依此广告的特性，其他人如通过相应的广告招徕更多的接受者，应可获得同样利益的，处以两年以下徒刑或罚金。”

三、反不正当竞争法保护模式考察对我国的启示

上文已分析，当前我国地理标志保护存在“地理标志产品保护模式”“地理标志商标法保护模式”和“农产品地理标志保护模式”的三元保护模式并立，地理标志统一立法目前尚处于讨论阶段，域外地理标志反不正当竞争法保护模式对我国地理标志保护模式的选择有一定的借鉴意义，主要包括以下两个方面。

（一）以反不正当竞争法进行地理标志兜底保护

地理标志反不正当竞争法保护模式的存在与专门法保护模式或商标法保护模式并不必然冲突，而是各有所侧重，可以相互兼容。如前所述，专门法保护模式和商标法保护模式要求对地理标志进行相应注册程序方可获得权利而受到法律保护，地理标志权利人可以基于专门法或商标法相关规定行使权利、排除侵害，但囿于法律制定的天然滞后性，专门法或商标法往往难以及时应对不断涌现的利用新技术新手段进行的新型地理标志侵权行为，无法全面有效地保护地理标志权利人的相关权益，需要一种灵活性的地理标志兜底保护机制的介入。反不正当竞争法作为一部商业道德法，具有保护市场经营主体成果和制止公众对商品/服务来源或经营主体混淆的

功能，内含禁止误导公众和禁止盗用他人成果两大内容，与地理标志保护的目的契合，正是因为反不正当竞争法保护的宗旨与地理标志保护宗旨存在高度的一致性，反不正当竞争法中蕴含的兜底性保护规定也可以适用于地理标志保护。因此，我国在选择以专门法保护模式对地理标志进行保护的基础上，还应在反不正当竞争法中规定相应的地理标志兜底保护条款，当专门法不能为地理标志权利人提供直接救济时，发挥反不正当竞争法的兜底补充作用，填补专门法在地理标志保护上的空白。

（二）在反不正当竞争法中保留原产地保护规定

采取反不正当竞争法保护模式对地理标志进行兜底保护的国家，主要是通过在反不正当竞争法中规定“原产地”条款进行的。例如，日本即在反不正当竞争法中明确规定不得对原产地作出虚假的表示。通过对我国《反不正当竞争法》的制定和历次修订进行对比考察，可以发现我国《反不正当竞争法》对原产品保护规定的立法变化是“从有到无”。1993 年颁布的《反不正当竞争法》在第 5 条、第 9 条以及第 21 条均对商品的产地进行了保护规范，其中第 5 条明确禁止伪造产地，第 9 条明确禁止经营者利用广告对商品产地作引人误解的虚假宣传，第 21 条明确了经营者伪造商品产地的法律责任。[①] 2017 年《反不正当竞争法》第一次修订时，有关商品产地的法条均被去除，2019 年修订也未增加。从整体来看，我国删除《反不正当竞争法》中禁止伪造产品产地的规定，主要原因在于地理标志相关

① 《中华人民共和国反不正当竞争法》（1993 年版）第 5 条：经营者不得采用下列不正当手段从事市场交易，损害竞争对手：……（四）在商品上伪造或者冒用认证标志、名优标志等质量标志，伪造产地，对商品质量作引人误解的虚假表示。第九条：经营者不得利用广告或者其他方法，对商品的质量、制作成分、性能、用途、生产者、有效期限、产地等作引人误解的虚假宣传。第 21 条第 1 款：经营者假冒他人的注册商标，擅自使用他人的企业名称或者姓名，伪造或者冒用认证标志、名优标志等质量标志，伪造产地，对商品质量作引人误解的虚假表示的，依照《中华人民共和国商标法》、《中华人民共和国产品质量法》的规定处罚。

条例的出台以及《商标法》对于地理标志规定的不断完善，可以为地理标志提供相应的保护，但正如前所述，专门法或商标法所具有的法律稳定性，意味着难以及时调整应对那些新型的无法受到专门法或商标法保护的地理标志侵权行为，既然选择以反不正当竞争法保护模式进行兜底保护，即应当在《反不正当竞争法》中确立相应的条款，为地理标志的反不正当竞争保护提供明确的法律依据。因此，建议在《反不正当竞争法》中保留原产地保护规定。

第三章

地理标志权：地理标志统一立法的基石

第一节　地理标志权性质纷争

TRIPS 协定正式将地理标志作为保护对象，世界各国在此框架下对于地理标志的保护形成了商标法保护模式和专门法保护模式两大阵营，无论是理论研究，还是立法实践对于如何保护地理标志的问题产生的严重分歧，其根本原因在于对地理标志权利性质认识不清。因此，必须从百家观点和系列纷争中拨开云雾，在根本上厘清地理标志的权利性质，确立其保护的逻辑起点。

一、地理标志是否设立权利之争

无论是 TRIPS 协定还是我国《民法典》都正式确认了对地理标志的保护，但是否应当设立独立的“地理标志权”则争议较大。易健雄认为，“地理标志权”的术语不能滥用，要经过严密论证，探讨能否确立为一项独立的知识产权类型，并提出构建独立地理标志权应当考量现有保护模式、与商标权的协调，以及与现代知识产权制度框架的衔接等因素[①]。地理标志是否有必要构建独立权利已经形成否定说和肯定说两大争论。否定说认为，当前我国已经通过商标法和专门法共同保护地理标志，不必另设权利，如李青青反对设定独立的地理标志权，认为以商标权保护已经足够[②]；马晓莉则认为以商标制度保护地理标志可以节约法律资源[③]。肯定说认为，无论是从国际条约还是从《民法典》等国内立法来看，地理标志权已成为一种与商标权相区别的独立知识产权，如吴汉东认为“不能否认地理标志

---

① 易健雄：《地理标志与“地理标志权”考辨》，载《法学杂志》2007 年第 6 期。

② 李青青：《地理标志权的考量》，载《商场现代化》2009 年第 23 期。

③ 马晓莉：《地理标志权与一般商标权之权利冲突》，载《广西社会科学》2005 年第 8 期。

权利形态的存在"[①]；王莲峰认为"地理标志毕竟是一种独立于商标法律体制之外的知识产权"[②]；李亮认为"国家需要规范地理标志的使用，而规范地理标志的使用的手段之一，就是通过创设权利"。[③] 随着国家知识产权强国战略和乡村振兴战略的深入实施，地理标志作为区域公用品牌建设最重要的载体，对于带动区域经济发展作用越来越重要，地理标志蕴含巨大的商业价值，已经成为知识经济时代的一种重要无形财产，且我国《民法典》第123条已将其作为一种与商标相并列、独立的知识产权客体，创设"地理标志权"有利于进一步完善知识产权权利体系，保障地理标志相关主体的权益，维护国际国内地理标志市场秩序，且发挥地理标志作为中国知识产权长项的作用，为构建全球地理标志治理体系贡献"中国智慧"。

二、地理标志权利公权与私权之辨

由于目前我国地理标志保护"三元模式"并存，且"三元模式"中均有强烈的公权力介入色彩，以至于学界对于地理标志权的法律属性存在不同认识，形成公权说、私权说和双重属性说三种观点。主张公权说的理由有两类：一类观点认为地理标志是集体智慧的结晶，其权利不属于特定私主体，而为集体所共有，更有甚者主张为国家所有，且涉及公共利益，属于一种公共性权利，如赵小平基于地理标志是集体智慧结晶，属于集体共有而主张其为"一种公权利（a public right）或集体性的垄断权（collective monopoly rights）"[④]；另一类观点认为地理标志的申请、审核、管理均由国家机关控制，且借助公法手段予以保护，应当属于公权范畴，如王笑冰认

---

① 吴汉东：《无形财产权基本问题的研究》，中国人民法学出版社2013年版，第380页。

② 王莲峰：《制定我国地理标志保护法的构想》，载《法学》2005年第5期。

③ 李亮：《论商标权与地理标志权冲突的危害、成因与对策》，载《法律适用》2008年第10期。

④ 赵小平：《地理标志的法律保护研究》，法律出版社2007年版，第6页。

为“商标权是民事权利，地理标志产品保护属于公权。虽然《地理标志产品保护办法》也提出了地理标志产品保护遵循申请自愿原则，但仍带有强烈的公权色彩，表现在：地理标志产品专用标志由官方机构持有，政府机构不仅负责这些标志的注册登记，而且对其使用进行审查注册，并对产品的生产、销售以及专用标志的使用进行全面监控”[①]；曾洁认为“我国《地理标志产品保护规定》则更多地体现了公权对私权行使的保护和监督，具有较强的公权属性”。[②] 私权说对公权说的理由予以驳斥，认为公共利益的特征、公法手段的介入、集体共有的归属等并不能改变地理标志权属于私权利的属性，如张玉敏认为“不管是证明商标制度、集体商标制度，还是专门的地理标志保护制度，它们所赋予权利人的都是一种私权，而不是公权”[③]；郭禾认为不能因地理标志的财产权属于集体，就否定其作为一种私益，或将其混同于公共利益[④]；王弈通认为“国家对地理标志实施的严格管理与控制，并不会影响到地理标志权的私权性质”[⑤]；洪莹莹等认为公共性权利不等于“公权”，地理标志是一种 TES 的集体性私权利[⑥]。除驳斥公权说外，学者们还从地理标志的本质揭示其私权性质，如杨雄文等认为“地理标志权本质是一种财产权、一种绝对权，属于私权范畴”[⑦]；也有学者认为 TRIPS 协定已经一锤定音，地理标志权的私权属性没有争论必

---

① 王笑冰：《我国地理标志保护的问题和对策》，载《电子知识产权》2006 年第 6 期。

② 曾洁：《酒类地理标志权的权属性质及法律界定》，载《湖南社会科学》2010 年第 5 期。

③ 张玉敏：《地理标志的性质和保护模式选择》，载《法学杂志》2007 年第 6 期。

④ 郭禾：《我国地理标志保护制度发展的应然进路》，载《知识产权》2022 年第 8 期。

⑤ 王弈通：《论地理标志权的性质》，载《行政与法》2011 年第 2 期。

⑥ 洪莹莹、韩志勇、邱丘：《地理标志及相关权利属性探析》，载《商业时代》2012 年第 2 期。

⑦ 杨雄文、何家灿：《知识产权垄断性质疑：历史与逻辑》，载《重庆理工大学学报（社会科学）》2021 年第 8 期。

要[1][2]。双重属性说则兼容并蓄公权说与私权说，认为地理标志权同时具备双重属性。“知识产权”也有双重属性说的论点，如冯晓青主张“知识产权作为一种私权公权化的权利，兼具有私权属性和公权属性，二者既互相对立又互相融合”[3]，在此类理论框架下地理标志权就不难论证为双重属性。有学者根据地理标志“产权成份”论证其双重属性，如“地理标志在其地理范围内处于公有领域，在此领域内对其他人开放，其受益人是地理范围内的所有人。而在其地理范围之外处于私有领域，具有排他性。地理标志同时具有公权利性和私权利性”[4]，也有根据地理标志制度对市场经济的调节作用，认为地理标志权具有经济法属性，如张辉认为“不能简单地从 TRIPS 协定的规定和财产权的浅显认识出发将地理标志权认定为一种私权利，相反，地理标志权兼具私权和公权的特征。如果遵从现行学术研究的态势和公法、私法以及第三法域的分法，它这种法律属性当属于经济法或第三法域性质的权利”[5]。由于 TRIPS 协定对知识产权已经总体定性为私权，地理标志权在此框架下应为私权的观点日益成为主流学说，但是地理标志权在私权基础上，是否添加了公权色彩，或者兼具公权属性，或者已经私权公权化，则成了当前笼罩其上的“权利迷雾”，亟待从根本上予以厘清。

① 金多才：《地理标志权的特征、法律属性及其归属辨析》，载《公民与法（法学版）》2009 年第 11 期。

② 付大学、韩志红：《浅议地理标志财产权的配置》，载《北京市政法管理干部学院学报》2004 年第 2 期。

③ 冯晓青、刘淑华：《试论知识产权的私权属性及其公权化趋向》，载《中国法学》2004 年第 1 期。

④ 王正环、王军哲：《公权还是私权：地理标志保护的法律制度选择》，载《科技咨询导报》2006 年第 8 期。

⑤ 张辉：《论地理标志权之经济法属性》，载《法学论坛》2005 年第 1 期。

三、地理标志权利是否为知识产权之歧

若地理标志设立权利，该项权利是否应当纳入知识产权范畴，学界目前仍存在分歧，难以达成共识。反对者认为，地理标志不属于智力创造成果，不符合传统知识产权的特性，特别是与知识产权典型特征专有性、地域性和时间性相冲突，地理标志权利不属于知识产权，如李冬梅认为“地理标志不是独立的知识产权但其具有知识产权的某些属性，如专用性、客体的非物质性。所不同的是没有严格的时间性”。[①] 国内外已有诸多学者认可地理标志权是一种新型知识产权，但是理由却各不相同，部分学者认为地理标志属于传统知识产权所派生，并成为一种独立的知识产权类型，如吴汉东等认为“地理标志权是随着知识产权制度的发展从商标权派生出来的一种知识产权保护方式”[②]；王莲峰认为“地理标志毕竟是一种独立于商标法律体制之外的知识产权”[③]；王春梅认为“无论从劳动财产理论，还是信息产权理论，都可以为地理标志的财产性寻找到合理的说明。因而将其作为工业‘产权’或知识‘产权’的客体不是没有道理的”[④]，事实上地理标志所涉领域以农业为主，将其归为“工业”产权，并不准确；部分学者基于国际公约和国内立法以及地理标志的功能价值，论述地理标志权应当是一种独立知识产权，如法国农业国际合作研究发展中心研究员戴尔芬·玛丽·薇薇安（Delphine Marie-Vivien）等认为“鉴于地理标志具备实现多元公共目标的潜力，地理标志不仅被视为一类知识产权，更被视为一种

---

① 李冬梅：《地理标志知识产权性质分析及法律对策》，载《大连海事大学学报（社会科学版）》2003 年第 1 期。

② 吴汉东、胡开忠：《无形财产权制度研究》，法律出版社 2001 年版，第 472 页。

③ 王莲峰：《制定我国地理标志保护法的构想》，载《法学》2005 年第 5 期。

④ 王春梅：《我国地理标志私权保护与模式选择》，载《北方法学》2009 年第 5 期。

政策工具"[①]；印度学者瓦鲁（D. K. Varu）等认为“地理标志（GI）是一项重要的知识产权，用于贸易领域，以突出产品的原产地，该原产地仅限于生产地、地区或地点"[②]；刘春荣等认为“地理标志权是知识产权保护公约规定的知识产权的标的之一"[③]；冯术杰认为“地理标志在国际公约和我国法律中都是一种独立的知识产权客体”。[④] 在国际条约和我国《民法典》已经将地理标志纳入知识产权客体的形势下，知识产权说已占据主导地位并将逐渐成为理论界和实务界的共识，但仍需从学理角度对地理标志权予以证成，并论证其符合知识产权类权利诞生的内在逻辑。

第二节 地理标志权的学理证成

一、地理标志应当设定权利的正当性

捍卫人的“劳动价值”是地理标志设定权利的理论根基。地理标志作为特定地理区域劳动群众通过长期智力劳动形成的商业标识，凝结了劳动者的创造性劳动，成为一种新型知识财产，通过立法设定权利对其保护具有正当性。

（一）劳动创造了人本身

劳动作为实践的重要形式，是人改造物质世界并形成自为意义人类世界的关键要素，是马克思历史唯物主义理论认识和分析人及其社会历史的

① See Delphine Marie-Vivien&Estelle Biénabe, The Multifaceted Role of the State in the Protection of Geographical Indications: A Worldwide Review, World Development, Vol. 98, (October 2017), pp. 1-11.

② See D. K. Varu, A. V. Barad, I. U. Dhruj. Geographical indication (GI) of Kesar Mango: Apride of Saurashtra region [J]. International Journal of In novative Horticulture, 2017, 6 (1).

③ 刘春荣、张国赞：《关于地理标志权的思考》，载《绥化学院学报》2005 年第 1 期。

④ 冯术杰：《论地理标志的法律性质、功能与侵权认定》，载《知识产权》2017 年第 8 期。

基本逻辑起点。马克思认为劳动是人和动物的根本区别，“劳动是整个人类生活的第一个基本条件，而且达到这样的程度，以致我们在某种意义上不得不说：劳动创造了人本身”[①]，并将人的本质与实践相互关联，指出“自由的有意识的活动恰恰就是人类的特性”[②]，即人的生命活动具有自由的和有意识的两大特性，与动物凭借原始本能、无意识的生命活动相区分。地理标志是人类有意识地根据自身需求在改造自然界过程中形成的代表产品特定品质的标识，凝结着人类的劳动和智慧，承载着人类的劳动价值，在创造地理标志的历史进程中也创造了人本身。

（二）人通过劳动创造财产获得产权

洛克的劳动财产权理论认为土地和一切低等动物为人类所共有，每个人都对自己的人身享有所有权，通过控制自己的身体进行劳动而获得的所有物，该所有物脱离自然正当地成为其所有的财产。[③] 洛克劳动价值论[④]认为，自然人对自己的身体有完整的所有权，因此，其通过自己的身体劳动创造的所得，就合法合理地为本人所有。在未对物实施主体的脑力或体力劳动时，物具有自然的共有状态，没有任何主体对其有专有权，然而当个体在特定物体上实施了劳动，个体就能在该特定物体上获得一种专有的排他性权利，即该物品成为个体的私有财产。劳动赋权理论强调了劳动对社会财富增值的核心作用并论证了个人劳动与财产权利之间的关系。洛克的劳动财产权理论在18世纪扩展到无形财产领域，对知识产权等无形财产的

---

① 《马克思恩格斯选集（第三卷）》，人民出版社2012年版，第988页。

② ［德］卡尔·马克思：《1844年经济学哲学手稿》，人民出版社2014年版，第153页。

③ 参见［英］洛克：《政府论（下篇）》，叶启芳、瞿菊农译，商务印书馆1964年版，第19页。

④ 洛克劳动价值论可以很好地论证数据财产权赋权的正当性与必要性。英国哲学家约翰·洛克首先提出洛克劳动价值论，该理论随后成为解释设立现代财产权制度合理性的重要理论之一。参见张婷、陈文欣：《洛克劳动财产理论视角下知识产权正当性的理论评析》，载《中国发明与专利》2020年第7期。

正当性进行了阐释，并成为主流学说[①]。根据劳动财产权理论的观点，如果行为人在智力成果的诞生过程中，通过脑力劳动的付出，实现了知识资源在社会价值方面的提升，以现有知识资源为对象，进行智力投入活动，如收集、加工、创造等，这种智力成果因投入了个人的劳动而赋予劳动付出者法律意义上的所有权，该智力成果也成为财产权客体。对于地理标志而言，其作为一种知识财产，关联性是其认定的必要条件，要求产品特定品质或声誉与特定地理区域的自然因素和人文因素存在联系，其中人文因素即申请认定地理标志是凝结人类劳动、经过人类改造的种植、养殖产品，以及工业品、手工业产品等蕴含地理来源的特有标识。地理标志的关联性契合了洛克劳动价值论，只有通过人类劳动创造产生的特有标识才能申请地理标志，同时地理标志是凝结人类智力劳动积淀形成的无形财产，使得某一特定地理标志从普通产品名称或标识中脱离出来，形成特定财产，如“百色芒果”地理标志经过百色区域内劳动群众的劳动从普通芒果标识中脱离出来，成为特定知识财产，创造者通过智力劳动获得对地理标志的财产权，只不过地理标志的创造者通常是某区域内的群体，而非常规的财产创造主体为个体。

（三）在自然权利基础上创设法定权利

借助洛克的劳动财产权理论可从自然法角度论证地理标志成为财产权客体，卢梭社会契约论中的“公意”理论和康德的自由意志论则进一步阐明自然权利只有获得社会公意的认可，经过“共同意志”即“公共的、集体的和权威的意志”确认，通过立法形成普遍认可的法则，实现“纯粹法律上的占有”[②]，才能成为所有权。地理标志作为一种凝聚人类智力劳动形

---

① 参见芮文彪、李国泉、杨馥宇：《数据信息的知识产权保护模式探析》，载《电子知识产权》2015 年第 4 期。

② 参见［德］康德：《法的形而上学原理——权利的科学》，沈树平译，商务印书馆 1991 年版，第 54—55 页。

成的财产，且作为一种无形财产，具有比传统知识财产更强的共享性，必须依赖体现“共同意志”的法律予以认定保护，使其中“蕴含的经济利益上升为有‘法力’保障其实现的‘法益’”①。当前，地理标志权利亟须从一种自然权利上升为法定权利，通过制定专门立法，设定地理标志权并构建其权利体系，以加强对地理标志这一新型知识产权客体的保护。

二、地理标志符合利益上升为权利的前提条件

一项新型利益上升为民事权利，通常需要具备三个前提条件：第一，该项利益是当前社会需要保护的重大法益；第二，该项利益成为一项独立的民事利益，能与相关利益明确区分；第三，该项利益不能为现有权利类型所涵盖。② 地理标志利益能否成为一项新型权利，可从三个前提条件予以考察。

（一）地理标志赋权符合知识产权强国背景下重大法益保护需求

第一，从国内市场秩序来看：“地理标志制度的基础和核心作用是保障商品产地和质量信息传递的准确性”③，地理标志的指示来源功能，成为商品特定品质、信誉的保障，其背后隐藏巨大的市场价值和直接的商业价值，能够直接为市场主体创造财富，因此，地理标志成为现代社会市场经济环境下的重大法益，创设权利既是为地理标志创造者提供私权保障，更是维护其潜在的市场利益，这是地理标志利益应当创设权利的基本出发点。第二，从国际知识产权博弈策略来看：地理标志是中国参与国际市场竞争的重大法益，是参与全球知识产权治理的关键切入点。“中国是全球农业资源大国和历史悠久的文化大国，具有得天独厚的自然和人文资源，郑成

---

① 参见朱继胜：《知识财产论》，广西师范大学出版社 2016 年版，第 189 页。

② 陈星：《论个人信息权：定位纷争、权利证成与规范构造》，载《江汉论坛》2022 年第 8 期。

③ 管育鹰：《我国地理标志保护中的疑难问题探讨》，载《知识产权》2022 年第 4 期。

思教授认为‘地理标志是中国的长项’”[①]，“强化地理标志的保护，不仅是具有良好安排和根本改造国际秩序下本民族竞争力的意义，同时它还直接关涉我国民族—国家的政治建构”。[②] 中国可以充分利用庞大地理标志产品开拓国际市场，并积极与各国谈判磋商开展地理标志国际互认互保，维护在全球的市场份额，如 2022 年 1 月至 6 月，预包装柳州螺蛳粉出口 134 批次，货值 3337 万元，同比增长 179.9%，出口目的地已多达 28 个国家和地区[③]。随着柳州螺蛳粉对外贸易量的增长，地理标志对其出海保驾护航维护海外市场份额的作用将日益凸显，地理标志将是中国参与全球市场竞争的利器。第三，从全球知识产权治理来看：以英美为代表的西方国家，围绕高新技术保护为核心建立起知识产权规则体系并推广至全球，建立起西方主导的全球知识产权规则。《知识产权强国建设纲要（2021—2035 年）》提出“积极参与知识产权全球治理体系改革和建设……推动完善知识产权及相关国际贸易、国际投资等国际规则和标准”。地理标志是中国参与知识产权全球治理的切入点，充分利用本国地理标志产品优势，探索中国特色地理标志权利体系和制度体系，参与构建地理标志互认互保国际规则体系，维护地理标志国际市场利益，以此实现“从知识产权国际规则的学习者、遵循者向参与者、引领者转变，为全面建设社会主义现代化国家提供更多有力支撑，为全球知识产权治理贡献中国智慧和中国方案”[④]。

（二）地理标志利益成为一项特定和独立的民事利益

借鉴物权理论，作为物权客体的物必须具备特定性和独立性。第一，

---

① 陈星：《论我国地理标志专门立法保护》，载《社会科学家》2022 年第 3 期。

② 黄汇：《我国地理标志保护模式质评——兼论发展中国家知识产权立法的应然思维》，载《学术论坛》2008 年第 1 期。

③ 《柳州螺蛳粉首次“飘香”阿联酋 上半年出口货值同比增 179.9%》，载中国新闻网，2022 年 7 月 28 日，http：//www.chinanews.com.cn/cj/2022/07-28/9814622.shtml。

④ 王琳琳、董雪、吴慧珺：《走出中国特色知识产权发展之路》，载《瞭望》2022 年第 33 期。

地理标志利益具有特定性。地理标志利益是特定主体对于特定标志所享有的特定利益。特定主体是指地理标志利益的创造者是特定地理区域范围内历经世代的劳动群众，权利代表者是该特定地理区域县级以上人民政府。特定客体是指地理标志不同于其他商业性标志，也不同于普通地名或产品通用名称，通过“地名+产品名”予以命名，其本身代表着商品的特定品质。特定利益是指地理标志代表着特定的利益，其本质是特定地理区域范围内劳动群众长期积累的智力劳动成果，是一种无形财产，同时地理标志背后蕴含着巨大的市场价值和经济价值，可以为特定主体占据市场创造财富。第二，地理标志利益具有独立性。在物权领域，有学者提出“某物是否具有独立性取决于直接支配的实益及公示的可能性”[①]，同为财产范畴的地理标志是否具有独立性可借鉴物的独立性判断标准从支配实益和公示可能性两个方面分析。一方面，支配实益是指能够为特定主体直接支配并且满足人们生活需要。地理标志通过“地名+产品名”成为独立的客体，能够与其他客体区别开来，如与普通地名或者地名商标相区别、与纯粹产品通用名称相区别，形成独特的能够识别特定地理区域范围产品的标志，是能够由授权管理的特定主体直接支配管理，通过许可方式授权给具体生产经营者使用，并监督使用该标志的产品达到特定品质的要求，满足了生产经营者使用地理标志证明产品特定品质的需求，同时还满足了消费者对特定品质产品便捷选择的需求，符合支配实益的特征。另一方面，公示可能性在物权领域指物权的发生和变动必须按照法定方式进行，使第三人能够从外部加以识别。在地理标志领域，我国目前地理标志“三元模式”中，“地理标志商标”“地理标志保护产品”和“农产品地理标志”均以申请登记为前提，由国家知识产权局或农业农村部以法定方式公告为标志实施保护，符合公示可能性的特征。因此，借鉴物的独立性判断标准，地理标

① 房绍坤：《论用益物权的法律属性》，载《现代法学》2003 年第 6 期。

志符合支配实益和公示可能性两个方面，地理标志是具有独立性的民事利益。

（三）地理标志利益不能为现有权利类型所涵盖

商号、商标、地理标志等同属能够识别商品来源并具有紧密关系的商业标记，商号之上对应的是名称权，根据我国《民法典》第 990 条的规定，属于一种具体人格权；商标之上产生了商标专用权，作为一种知识产权，本质是一种财产权。名称权是法人或非法人组织对自己名称享有的权利，而地理标志并非特定法人或非法人的名称，是特定地理范围具有特定品质产品的名称，不能为名称权所涵盖。与地理标志利益最紧密相关的权利类型为商标权，且以美国为代表的国家通过商标权保护地理标志利益，商标制度也是我国保护地理标志的重要方式，获得证明商标或集体注册的地理标志，纳入商标专用权保护体系。但是就二者本质来看，地理标志与商标具有明显区别，商标专用权并不能完整涵盖地理标志利益。第一，权利取得核心要件不同：商标专用权的取得的核心要件在于商标的显著性，强调商标的识别功能，但是显著性不能涵盖地理标志，地理标志由普通地名加产品通用名称构成是逆显著性的，且纯粹显著性并不能被认定为地理标志，在地理标志申请过程中，着重考察的是“地理标志与商品的特定质量或其他特征的直接关联，这种特定关联基于特定地理区域的自然因素或人文因素，关联性是地理标志制度存在的价值和意义”[①]。第二，权利主体不同：商标专用权的权利主体为注册人，地理标志是经过县级以上人民政府授权的团体、协会等集体性组织作为注册申请单位，获准注册登记的单位仅为经过政府授权的管理人，不是享有绝对权的专用权人。第三，权利客体不同：商标专用权的客体为商标，地理标志与传统商标并不相同，地理标志代表着产品的特定品质，且在使用中需要对产品的特定品质进行监

---

① 参见陈星：《论我国地理标志专门立法保护》，载《社会科学家》2022 年第 3 期。

督和检测，商标的功能主要是识别产品来源，并不代表产品特定品质，二者具有本质不同。第四，权利内容不同：商标专用权是一种典型的财产权，商标专用权人享有自己使用、许可他人使用、禁止他人使用以及转让商标等权利。地理标志的注册登记人仅享有对地理标志使用管理的职责，不能行使商标专用权人的大部分权利，如不能自己使用地理标志从事生产经营，不能许可特定地理区域范围外的生产经营者使用地理标志，不能随意转让处分地理标志，因此地理标志利益和商标专用权的内容并不对应。第五，权利期限不同：商标专用权的有效期是 10 年，期限届满可以申请续展，否则商标将回到公有领域，以防止特定权利人垄断商标资源，但是地理标志的产生本来就是一个长期的过程，有的甚至经历上百年的积淀，一经获准认定，如按照商标专用权的有效期限每 10 年进行一次续展，不仅丧失了商标有效期的制度功能且造成行政审批资源的极大浪费，因此地理标志一经认定，应当是长期有效的，除非该项具有特定品质的产品消失。经过论证发现，地理标志从学理上看并不能为商标专用权所涵盖，只是借助了较为成熟的商标制度体系予以保护，随着地理标志背后的产业发展壮大，其对权利的呼唤将日益迫切。

三、地理标志利益符合权利的特征

地理标志赋权符合知识产权强国背景下重大法益保护需求，且地理标志利益是一种独立的民事利益，不能为现有权利类型所涵盖，达到了一种利益上升为民事权利的前提条件，但是地理标志利益是否符合权利的特征则需要进一步论证。德国学者认为建立权利的特征有三个，只有同时具备，方可构成权利，即“拉伦茨与卡纳里斯为侵权法上的权利建立的三个特征分别是归属效能、排除效能和社会典型公开性”①，被称为权益区分理论，

① 于飞：《侵权法中权利与利益的区分方法》，载《法学研究》2011 年第 4 期。

可依其论证地理标志利益是否符合一项民事权利的特征。

（一）地理标志利益是否符合归属效能的特征

归属效能要求需要保护的利益归属特定主体，前已述及，地理标志的注册登记人本质上并非专有权人，因此，地理标志是否归属特定主体，具体归属何主体有待分析厘清。依据洛克的劳动财产权理论已经论证出地理标志是特定地理区域范围内劳动群众通过智力劳动创造出识别特定品质产品的标识，故地理标志这一无形财产的权利应当归属其创造者。由于地理标志的形成往往是成年累月，经过一代代人劳动积淀形成的，其创造者涵盖特定地域范围内的不特定人群，包括不同时代的劳动群众，有的地理标志已历经几代人，如何确定其创造者，是否意味着地理标志是无主财产而不符合归属效能特征？事实上在探讨自然资源配置中的所有权归属问题过程中，早已形成较为成熟的理论，典型如公共信托理论。“公共信托理论可以被追溯到罗马法对于海洋、空气、流水等资源公共所有的思想，后通过英国普通法和衡平法的发展而形成，最终在美国落地生根，并逐渐为其他国家所借鉴。”① 根据该理论，“信托意味着两种所有权的共存，即受托人在普通法上的所有权和受益人在衡平法上的所有权”②，公众作为委托人创设公共信托将公共自然资源委托给受托人政府进行管理，由政府行使名义上的所有权，保障作为受益人的公众（包括当代和后代）利益。地理标志虽然为一种无形财产，但和有形财产的自然资源权利配置有共同之处，其归属可以阐释为特定地理区域的劳动群众享有该利益财产权，但是通过公共信托的方式，委托当地政府进行权利管理，享有名义和法律上的财产权。因此，地理标志利益法律上归属主体应为当地政府，这也和实践中地理标志申请需要由县级以上人民政府授权具体集体性组织相吻合，地理标

① 王灵波：《公共信托理论在美国自然资源配置中的作用及启示》，载《苏州大学学报（哲学社会科学版）》2018 年第 1 期。

② 王涌：《所有权概念分析》，载《中外法学》2000 年第 5 期。

志利益有明确的归属主体，具备归属效能的特征。

（二）地理标志利益是否符合排除效能的特征

排除效能是绝对权的根本特征，也是考察地理标志能否赋予知识产权的关键要素。从法理分析看，地理标志作为一种无形财产应由特定主体控制并排除他人干涉，从地理标志制度实际管理运行考察来看，地理标志利益满足该项特征。具体体现在：地理标志利益由县级以上人民政府授权的集体性组织管理控制，只有特定地理区域范围内、产品符合特定品质的生产经营者可以向该组织申请使用该地理标志，且《集体商标、证明商标注册和管理办法》第 21 条规定了集体商标、证明商标注册人应当承担有效管理或者控制职责，《农产品地理标志管理办法》第 19 条规定了农产品地理标志登记证书持有人的管理职责。法理上地理标志作为一种无形财产的排除效能在法律制度上和具体实践中是得以实现的，待地理标志专门立法体系形成，设定独立的“地理标志权”，排除效能将得到进一步强化。

（三）地理标志利益是否符合社会典型公开性的特征

社会典型公开性“取决于一项法益是否典型、规律、公开”①，要求构成某项权利的利益具有清晰的边界，形成可被感知的客体外观，并公开为外界所识别。地理标志利益的外观和形态已经日益清晰：第一，地理标志利益通过注册登记制度公开其利益内容及保护范围，形成可被外界感知的客体外观。当前，我国在“三元模式”框架下，地理标志的保护均需要向相关国家机关提交申请，经过审核后，由国家机关发布官方公告宣告对其进行保护，且除宣告“地名+产品名”构成的标识受到保护外，还授予“中华人民共和国地理标志”或“农产品地理标志”等官方专用标志的使用权，进一步强化了对地理标志客体外观的勾勒，让外界得以识别地理标志利益，并预见侵犯其利益可能承担不利后果。第二，地理标志利益一旦

① 参见于飞：《侵权法中权利与利益的区分方法》，载《法学研究》2011 年第 4 期。

获得国家机关认定，即为他人划定了行为禁区。特定地理区域范围内产品不符合地理标志所要求特定品质的和特定地理区域范围外的产品，均不能使用地理标志，负责管理的集体性组织有权禁止，并依法追究其责任。《农产品地理标志管理办法》第 20 条和《地理标志产品保护办法》第 30 条要求对伪造、冒用地理标志等行为进行依法查处，地理标志商标则可依据《商标法》和《刑法》追究民事、行政乃至刑事法律责任。由此可见，地理标志利益符合社会典型公开性的特征。

综上所述，地理标志利益进入权利具有内在正当性，且已经具备利益上升为权利的前提条件，符合权益区分理论的“权利三特征”，从学理上能够证成地理标志利益应当成为一项独立的新型知识产权——“地理标志权”。在知识产权强国建设和乡村振兴战略背景下，地理标志权应当从自然权利迈向法定权利。

第三节　地理标志权的诞生及权利构造

一、《民法典》下地理标志权已成为一项独立知识产权

首先，《民法典》为地理标志权诞生提供了直接法律依据。从学理上已经论证地理标志权具备一项自然权利条件和要素，需要通过立法将其确认为法定权利。2017 年《中华人民共和国民法总则》是我国立法首次将地理标志与商标相并列，同时列举为知识产权的客体，2020 年出台的《民法典》延续了这一规则，在第 123 条规定“民事主体依法享有知识产权。知识产权是权利人依法就下列客体享有的专有的权利：……（三）商标；（四）地理标志；……”该条“明确在第四款中将地理标志与商标等并列，作为独

立的新型知识产权客体，为地理标志的进一步研究奠定了立法基础”。[①] 根据该条文规定可以解读得出：第一，地理标志正式被我国《民法典》确认为一项独立的知识产权客体类型；第二，权利人就地理标志享有的专有权利是知识产权，即地理标志权是知识产权；第三，地理标志权不同于商标权。因此，《民法典》不仅为地理标志权提供了直接的法律依据，更在事实上直接宣告了地理标志权的诞生，但是《民法典》仍为地理标志权的体系化保障留下了空白，甚至连地理标志之上的该项知识产权应当如何命名都没有提及，该项权利的权利体系、具体内容以及如何行使、如何救济等则需要进一步构建。关于权利名称的采纳同样在学界引起了广泛的探讨，产生了诸如“地理标志相关权利”“地理标志知识产权”和“地理标志财产权”等名称的选择争论，借鉴知识产权领域著作权、专利权、商标权以及植物新品种权等命名方式，采用“地理标志权”的称谓更能迎合上述关于地理标志作为独立知识产权客体的内在要义。

其次，地理标志权的法律属性为私权。地理标志权的法律属性存在公权说、私权说和双重属性说等观点，判断其法律属性究竟为何，可以借助吴汉东提出的“权利的属性，取决于权利的基本内容而不是权利的产生方式”[②]。前面已经论证地理标志利益满足权益区分理论的归属效能、排他效能，并符合社会典型公开性，将该项利益上升为权利即为“地理标志权”，因此地理标志权的基本内容可以从这三个特征切入予以界定。有人提出“地理标志权是指合法主体依法对地理标志所享有的权利”[③]“地理标志权是指为国内法或国际条约所确认的或规定的与地理标志保护相关的权

① 管育鹰：《我国地理标志保护中的疑难问题探讨》，载《知识产权》2022 年第 4 期。

② 吴汉东：《关于知识产权私权属性的再认识——兼评“知识产权公权化”理论》，载《社会科学》2005 年第 10 期。

③ 金多才：《地理标志权的特征、法律属性及其归属辨析》，载《公民与法（法学版）》2009 年第 11 期。

利”[①]，此类界定方式并未揭示地理标志权的核心内容，地理标志权应当界定为：权利人依法对特定地理标志所享有的直接支配和排他的权利。依据权利的基本内容来判断，地理标志权本质上是一项财产权，“一种具有对世性的权利”[②]，因此，地理标志权属于私权范畴。公权说和双重属性说依据地理标志权的主体涉及集体性主体或者政府，得出权利属于公权是荒谬的，土地也有集体所有权、国家所有权，并不影响土地是一种典型的物权、私权；另有依据公权力介入审查、保护地理标志，主张其为公权，专利权、商标权、著作权等知识产权均有强烈的公权力介入，亦不影响其为私权。

最后，地理标志权独特的“五性”特征。地理标志权具有不同于传统知识产权“专有性、地域性和时间性”等特性，甚至在一定程度上与之相悖，具有权利主体的特定性、权利客体的关联性、权利内容的限制性、权利行使的共有性、权利期限的永久性独特的“五性”特征。权利主体的特定性是指地理标志权的主体特定，在归属效能部分已经论证地理标志权归属于特定主体所有，不同于专利权、著作权等权利主体通常为自然人、法人或其他组织，地理标志权的主体具有一定集体性，特定的自然人或者企业均不能成为权利主体；权利客体的关联性是指地理标志以客观关联性为构建要件，要求特定地理区域的自然因素或人文因素与商品特定品质存在客观联系；权利内容的限制性是指地理标志权的持有人不能自行使用，必须授权给特定地理区域范围内具体经营者使用，并仅限授予本地理区域内经营者使用，不能授予本地理区域外经营者使用，且地理标志权禁止转让；权利行使的共有性是指地理标志为特定地理区域范围内经营者共有，区别于传统知识产权严格的“专有性”，地理标志权对于特定地理区域外的经营者是“专有”，而对于特定地理区域内的经营者为“共有”，只要符合地

① 张辉：《论地理标志权之经济法属性》，载《法学论坛》2005年第1期。

② 郭禾：《我国地理标志保护制度发展的应然进路》，载《知识产权》2022年第8期。

理标志使用条件，即可申请使用；权利期限的永久性是指不同于传统知识产权设定具体保护期限，地理标志权不设定具体保护期限，在地理标志存续期间，该项权利长期有效。

二、地理标志权的二元“产权”主体

地理标志权具有特定主体，满足归属效能，但是特定主体具体为何，则莫衷一是，并形成七种学说：第一，国家说，张梦飞认为“地理标志的所有权归国家所有是显而易见的”①。第二，全体居民说，张玉敏认为“作为一种财产，它既不能归个人所有，也不能归国家所有，而应当属于地理标志产品产地的居民共同所有”②。第三，社会主体说，付大学等认为“地理标志应属于特定地区的不特定使用者共有（社会所有）”③，不能归属于任何生产经营者，而是不特定使用者共有。第四，生产者说，王肃认为“地理标志的专有权主体应该是产品产地的生产者集体”④。第五，经营者说，吴汉东认为“地理标志权由该地域内生产同一商品所有经营者共同行使，是一项集体产权”⑤。第六，生产者和经营者说，王莲峰认为“地理标志权归产地生产者和经营者集体共有，是一种集体性的共有权”⑥。第七，注册者说，金多才认为，地理标志商标权由其注册人享有，地理标志保护产品专用标志权由其持有人享有，农产品地理标志权由其登记注册人享

---

① 张梦飞：《中国地理标志制度构建取向研究》，载《中国农学通报》2007 年第 1 期。

② 张玉敏：《地理标志的性质和保护模式选择》，载《法学杂志》2007 年第 6 期。

③ 付大学、韩志红：《浅析地理标志财产权的配置》，载《北京市政法管理干部学院学报》2004 年第 2 期。

④ 王肃：《集体专有与个体共有：地理标志制度的权利配置》，载《商场现代化》2009 年第 4 期。

⑤ 吴汉东：《无形财产权基本问题研究》，中国人民大学出版社 2013 年版，第 381 页。

⑥ 王莲峰：《制定我国地理标志保护法的构想》，载《法学》2005 年第 5 期。

有。[①] 国家说简单地将地理标志归属于国家所有，不利于地方政府管理、运用地理标志，且容易衍生为“公地悲剧”；全体居民说揭示了地理标志的创造者因智慧劳动创造而成为权利主体，根据劳动价值论等理论具有一定的合理性；社会主体说、生产者说、经营者说、生产者和经营者说将地理标志的使用主体与产权主体混为一谈；注册者说，在商标法框架下从商标权解释具有合理性，但是当地理标志权与商标权相区分开来时，便丧失成立根基。

地理标志权不同于专利权、商标权等传统知识产权，权利主体单一、清晰，其至少涉及地理标志创造主体、管理主体、注册主体以及使用主体等，几类主体之间究竟具有何种法律关系，究竟何者是通常意义上的“产权人”？根据澳大利亚学者彼得·德霍斯（Peter Drahos）阐释的“积极共有”理论[②]，特定地理区域的劳动群众因世代劳动积累了地理标志的特定品质与知名度而成为共同享有地理标志权的实质权利主体；特定地理区域的劳动群众通过公共信托的方式，将其地理标志“所有权”委托给当地政府进行管理，政府成为地理标志权的“行使代表”及法律上的权利主体；政府通过授权的方式，由团体、协会等集体性组织作为注册人，负责地理标志的申请和使用许可等工作，集体性组织成为地理标志权的“持证主体”和直接管理主体，但非“产权”主体；地理标志使用主体，经授权许可具体使用地理标志，包括特定地理区域的生产者、经营者都是使用主体，亦非权利主体。因此，地理标志权的主体由实质权利主体（特定地理区域的劳动群众）和代表权利主体（当地政府）组成，形成知识产权领域中特殊的二元“产权”主体。

---

① 金多才：《地理标志权的特征、法律属性及其归属辨析》，载《公民与法（法学版）》2009年第11期。

② ［澳］彼得·德霍斯：《知识财产法哲学》，周林译，商务印书馆2008年版，第68—71页。

三、地理标志权的客体“三元归一”

地理标志权的客体，早期国际条约和国际组织使用“货源标记”（indication of source）、“原产地名称”（appellations of origin）、“地理来源标志”（indication of geographical origin）等名称，直至TRIPS协定正式使用“地理标志”（geographical indications）一词，概念逐步走向统一。我国2001年修订《商标法》，在第16条引入“地理标志”并界定概念；2002年《农业法》修订，第23条增设“农产品地理标志”规定；2003年原国家工商行政管理总局出台部门规章《集体商标、证明商标注册和管理办法》，形成地理标志商标规则体系；2005年出台的《地理标志产品保护规定》和2023年《地理标志产品保护办法》采用“地理标志产品”概念；2007年原农业部发布了《农产品地理标志管理办法》，形成我国独有的地理标志保护“三元模式”。“三元模式”中对于地理标志分别采取不同的概念，申请条件和审查标准存在差异，造成了地理标志管理以及消费者对地理标志认识的混乱，并且三个概念均不构成学理意义上的地理标志权客体。

在商标法保护模式下，以商标专用权保护体系为框架，将地理标志商标作为商标的客体之一进行保护，混淆了商标专用权客体与地理标志权客体的差异，“地理标志产品保护”落脚点为“产品”，是地理标志的物化载体，已经构成物权的客体，偏离了地理标志权客体；“农产品地理标志”属于地理标志权客体的下位概念，范围局限于“农产品”。因此，在构建地理标志权时，应当整合“三元模式”中的不同名称，统一客体名称，实现“三元归一”。

《民法典》第123条已经明确将“地理标志”列为一项独立的与商标等并列的知识产权客体，因此地理标志权的客体应当采用《民法典》所确立的称谓，并从地理标志专门立法的角度，对该概念予以界定。我国《商标法》[①]《农产品地理标志管理办法》[②]《地理标志产品保护办法》[③] 都对地理标志相关概念进行了定义，总体上和 TRIPS 协定第 22 条第 1 款对地理标志的界定趋同，但是也存在实质差异：在赋权要素上，地理标志商标和地理标志产品的定义基本沿袭 TRIPS 协定的界定方式，赋权要素是在“质量”“信誉/声誉”“特征”三选一的，农产品地理标志则借鉴了《里斯本协定》的界定方式排除了“信誉/声誉”要素，不同的是要求同时具备“品质和特征”两项要素；在地理来源上，地理标志商标对于“自然因素”与“人文因素”是二选一的“或”，地理标志保护产品和农产品地理标志是要求二者兼具的“和”。“产品特性与特定地域之间的联系是地理标志保护中最为重要的关键点”[④]，被称之为“关联性”，是地理标志的核心构成要件，是地理标志认定的必备条件。上述我国立法中关于赋权要素和地理来源规定的差异，实质是“主观关联性”“客观关联性”的长期冲突导致立法选择的彷徨。主观关联性侧重于消费者将特定产品和特定地理来源相关联的主观认知，表现为“声誉”要素，客观关联性考虑产品的特定品质与特定地理来源相关联。早期国际条约关于地理标志构成要件的要求在主观关联性和客观关联性中摇摆，TRIPS 协定对于两种关联性兼容并采取了较大灵活性。根据洛克劳动财产权理论，地理标志是特定地理区域劳动群众世代智力劳动创造的成果，是凝聚了集体智慧的结晶，从而产生地理标志权。地理标志权是凝聚智力劳动的成果，越是体现人类智力劳动的要素，

---

① 《商标法》第 16 条第 2 款将地理标志界定为“指标示某商品来源于某地区，该商品的特定质量、信誉或者其他特征，主要由该地区的自然因素或者人文因素所决定的标志”。

② 《农产品地理标志管理办法》第 2 条第 2 款将农产品地理标志界定为“指标示农产品来源于特定地域，产品品质和相关特征主要取决于自然生态环境和历史人文因素，并以地域名称冠名的特有农产品标志”。

③ 《地理标志产品保护办法》第 2 条将地理标志产品界定为“地理标志产品，是指产自特定地域，所具有的质量、声誉或者其他特性本质上取决于该产地的自然因素、人文因素的产品”。

④ 郭禾：《我国地理标志保护制度发展的应然进路》，载《知识产权》2022 年第 8 期。

越是应该作为地理标志赋权要素，以“声誉”为代表的主观关联性应当作为地理标志构成要件，且客观关联性的认定不能仅仅限于商品质量或特征与特定地理区域的自然因素相关，除此之外还应当同时具备人文因素，故地理标志构成要件应当同时兼具主观关联性和客观关联性。在此基础上可以将地理标志界定为：标示某产品来源于特定地理区域的标志，该产品的特定质量、声誉或者其他特征，主要由该地理区域的自然因素和人文因素所决定。

四、地理标志权的权利构造

（一）地理标志权的权能

地理标志权作为一种新型的知识产权，是权利人依法对特定地理标志所享有的直接支配和排他的权利，该项权利具体包括哪些内容，具有何种权能，目前仍无定论。有人认为地理标志权分为集体专有权和个体共有权，集体专有权内容包括：排他使用权、许可使用权、管理控制权、自我使用权、地理标志维护权以及适当发展权，个体共有权内容包括：使用权、禁止权以及请求权①；有人认为地理标志权总体上的权利配置应当包括：从个体角度看，特定地域生产者一般享有地理标志使用权、收益权、禁止权，而从另外的社会角度出发，应当构建包括地理标志注册申请权、合法使用管理权、使用人资格认定权和非法使用禁止权在内的四位一体的以特定地域生产者协会或行业协会为代表的中间组织所享有的权利体系②；甚至有人认为地理标志权非单一权利，而是由消费者的权利、产品生产者权利和特定地域公民环境权利组成的复合权利束③。上述几类观点将地理标志权

---

① 王肃：《集体专有与个体共有：地理标志制度的权力配置》，载《商场现代化》2009年第4期。

② 洪莹莹、韩志勇、邱丘：《地理标志及相关权利属性探析》，载《商业时代》2012年第2期。

③ 张辉：《论地理标志权之经济法属性》，载《法学论坛》2005年第1期。

和与之相关的权利相混淆，如同将土地的所有权、用益物权以及土地租赁债权等杂糅在一起统称土地权一般。地理标志权本身是一种单一的财产权，具有排他占有权能、许可使用权能、品质监管权能。

1. 排他占有权能

有人以地理标志是集体共有的权利，认为地理标志的排他性、独占性较弱，甚至因此否定地理标志的排他独占权能，事实上“地理标志的‘专有’使地理标志知识产权的权利和义务得到理顺，而‘分享’使各方利益得到兼顾，成为利益共同体”①，地理标志的集体共有，只是使得地理标志权不同于传统单一权利主体的财产权，排他的范围是特定地理区域以外的主体，不得使用地理标志，有的称之为“禁止权”，但正当使用地理标志中的地名不受禁止。

（1）地理标志权“排他占有权能”的“实然”状态

在现行地理标志集体商标和地理标志证明商标模式下，地理标志权利人有权依据《商标法》《商标审查审理指南》《商标法实施细则》《集体商标、证明商标注册和管理办法》的规定行使地理标志权。具体而言，地理标志权人有权依据商标专用权，在核准使用的商品上和服务上对地理标志集体商标和地理标志证明商标进行商标性使用。就商品上和服务上地理标志商标使用方式，适用《商标法》《国家工商行政管理局商标局关于保护服务商标若干问题的意见》的规定。在禁止他人使用的层面，国家的强制性规定赋予了地理标志权人可以依据自行制定的《地理标志集体商标使用管理规则》《地理标志证明商标使用管理规则》行使权利。在其中具体规定他人申请成为地理标志商标集体性组织成员和地理标志证明商标被许可人的要求，包括但不限于产品的生产品质、地域要求、生产规模、市场销

① 李晓波：《“利益分享”对地理标志知识产权权利构造的影响》，载《华南理工大学学报（社会科学版）》2014 年第 16 期。

量等。

在农产品地理标志保护模式下，地理标志权的取得以获得农业农村部核准登记为准，需经历材料申请和现场核验，进而取得《中华人民共和国农产品地理标志登记证书》，可以管理该农产品地理标志是否许可符合条件的个人或单位在产品及其包装上使用农产品地理标志或进行宣传和参加展览、展示及展销，监督、检查该农产品地理标志的使用情况等。

在地理标志产品保护模式下地理标志由国家知识产权局知识产权保护司审查和批准，经公告后获得地理标志保护。地理标志产品保护的实施是地理标志保护产品产地范围内生产者申请使用地理标志专用标志来实现。经国家知识产权局或者国家知识产权局委托符合条件的省级知识产权管理部门审查合格注册登记后，发布公告，生产者即可在其产品上使用地理标志专用标志。

(2) 地理标志权“排他占有权能”的“应然”状态

地理标志权是一项独立的权利，排他占有应当是该权利的首要权能，应以地理标志权为核心进行排他占有的权能构造。然而，由于目前“三元模式”并行的地理标志保护模式，造成地理标志权的排他权能仅在商标路径下得到了体现，且仅仅是借助商标排他占有的框架进行的表象体现，不符合地理标志权独立成权的法律定位，也不符合排他占有的实质内涵。

地理标志权人的排他占有应从两个方面进行构建：第一，地理标志权人有权在特定范围对自己的地理标志进行使用。这种使用可以体现为对地理标志权行使的各个方面，包括但不限于商标性的使用、品牌的打造等；第二，地理标志权人有权在权利范围内禁止不符合条件的他人使用。地理标志强调区域性，对于不符合地域特征的主体，地理标志权人有权禁止他人使用。在地理标志权权利体系中，排他占有权能的行使是地理标志权的核心功能和主要功能，对于地理标志权的权能体系构建应立足独立的地理标志权，基于地理标志权的权利构造和权利行使进行梳理和构筑，而非实然状态下落脚在三个并行模式下进行分散的适用。

2. 许可使用权能

（1）地理标志权“许可使用权能”的“实然”状态

目前，我国尚未实现地理标志独立赋权和统一立法，但是对地理标志的使用已经基于知识财产分享的价值取向进行了许可和使用，以最大化实现地理标志的经济价值和文化价值等。现行地理标志保护“三元模式”下的实然现状可总结描述如下：

在地理标志集体商标许可使用中，地理标志集体商标申请人在满足申请集体商标的集体性组织主体要件的基础上，经过向国家知识产权局申请商标注册，取得地理标志权人的地位，可以自行制定许可他人使用地理标志集体上的《集体商标管理规则》，这是地理标志权许可使用权能的体现。只有获得核准注册的地理标志集体商标权利人才能够按照规定许可符合条件的其他人使用该地理标志集体商标，未经核准注册的集体商标不是注册商标，不享有商标专用权，自然无法许可他人使用。基于地理标志的区域性以及促进区域发展的价值取向，特定区域内符合条件的生产者可以请求地理标志集体商标注册人接纳其作为集体性组织的成员，并在履行集体商标管理规则所设定的程序和手续后，对该地理标志集体商标进行使用。

在地理标志证明商标许可使用中，当以地理标志作为证明商标获准注册后，可以制定《证明商标使用管理规则》对申请使用的主体进行限制和管理。商品具备某种特定品质是证明商标的证明意义所在，基于此，作为地理标志与证明商标结合的地理标志证明商标，更是在证明商标的基础要求和特性上附加了地理标志的属性，证明商标的“证明”对象更为侧重于地理标志所标示的“取决于特定地域的自然因素和人文因素而产生的特定的质量、信誉或其他特征”。欲申请使用主体应当严格按照该地理标志证明商标注册人制定并审核通过的证明商标使用管理规则制定的要求一一比对，在满足使用条件时，可经权利人许可在核定范围内使用。

在农产品地理标志许可使用中，权利人通过向农业农村部申请登记、经评审和公告后，取得《农产品地理标志登记证书》，自此，申请人的身份转变为地理标志权人。农产品地理标志登记证书上载明的权利人可以向符合条件的单位和个人通过签订使用协议的方式授权使用。

（2）地理标志权“许可使用权能”的“应然”状态

许可使用权能是地理标志权延伸出来的主要权能，影响着地理标志权使用范围的扩展和市场的进一步发展，应以地理标志权为核心进行许可使用制度的构建。地理标志归属特定地理区域全体劳动群众所有，当地政府作为“产权代表”为法律上的权利主体，由政府指定的集体性组织作为注册人进行管理，在商标法保护模式下注册人不得在自己提供的商品上使用地理标志证明商标，在地理标志专门立法构建中，应当规定作为“产权代表”的政府和作为注册人的集体性组织均不得自己使用地理标志进行生产经营，只能许可给特定地理区域内的生产者或经营者使用。特定地理区域内符合使用条件的生产者和经营者，在履行相关手续后，可以获得许可使用。

3. 品质监管权能

（1）地理标志权“品质监管权能”的“实然”状态

品质监管权能是地理标志权人通过监督和管理有权使用地理标志的主体合法合规有效使用地理标志并保证产品质量的权利。虽然目前我国尚未就地理标志独立赋权，尚不存在完整科学的品质监管权能制度体系，但是三大并行模式下已经对品质监管的内容进行了规定和体现，具体如下：

在地理标志集体商标品质监管中，地理标志权人可以按照法律规定和自行制定的管理规则对被许可使用者使用地理标志集体商标的情形进行监督管理，包括按照规定以集体成员身份从事生产经营活动、按照规定使用地理标志专用标志、对产品质量进行检验监督、对违反规定使用地理标志集体商标的成员进行管理等。

地理标志证明商标是地理标志品质监管职能体现最为明显的情形。经许可使用的地理标志证明商标，首先，可以将地理标志证明商标按照要求标识在特定的商品上进行证明性使用，以标识该产品的某些特定品质获得了某种认证；其次，经公告备案被许可人可以按照规定同时使用地理标志专用标志；再次，地理标志证明商标是一种面向消费者的证明力，消费者会因该证明标志所代表的官方认证效力而进行一定的指引和信任消费，因此，为了维系地理标志证明商标的证明效力，并保护消费者的合法权益，注册商标权利人有权对使用人的商品进行检验监督，地理标志证明商标的被许可人应配合；最后，对于违反规定使用地理标志证明商标的成员，还需承担相应的责任，具体以组织制定的证明商标使用管理规则为依据。

农产品地理标志中也涉及品质监管的内容，农产品地理标志登记人有权在使用人使用登记的农产品地理标志进行宣传和参加展览、展示及展销活动中进行监督和检查。此外，建立质量控制追溯体系同样是地理标志农产品生产者的基本义务。

在地理标志保护产品的品质监管中，地理标志主要通过对被许可人的专用标志使用规范情况进行监管，而品质能力的监管则主要体现在国家知识产权局在核准生产者使用专用标志的前置审查上，申请人需提交有关产品质量检验机构出具的检验报告以及检验报告所依据的标准全文、产品所在地知识产权管理部门出具的产地核验报告等材料。

（2）地理标志权“品质监管权能”的“应然”状态

地理标志权具有独特的“关联性”，即商品的特定质量、声誉或者其他特征与其地理来源的关联。虽然现行三大模式下对地理标志权的品质监管权能有部分体现，但具体的品质监管规定和权利义务设置无不是基于地理标志商标法保护模式、农产品地理标志保护模式和地理标志产品保护模式，而并非来源于地理标志权进行的权能架构。

未来，随着地理标志权独立性地位的越发明朗和地理标志统一立法的出台，在赋予地理标志权独立地位的同时，合理配置地理标志权的品质监管权能，进一步完善地理标志权人行使品质监管权能的条件、程序以及法律责任等内容。

（二）地理标志权特有的附带利益：地理标志专用标志使用权

《地理标志专用标志使用管理办法（试行）》第2条将地理标志专用标志界定为适用在按照相关标准、管理规范或者使用管理规则组织生产的地理标志产品上的官方标志。“经公告核准使用地理标志专用标志的生产者、经公告地理标志已作为集体商标注册的注册人的集体成员、经公告备案的已作为证明商标注册的地理标志的被许可人和经国家知识产权局登记备案的其他使用人”① 在满足一定条件的基础上，可以向国家知识产权局申请使用地理标志专用标志，经核准公告后，上述四类主体可以按照法律规定在其产品上使用地理标志专用标志。

1. 地理标志专用标志使用权的主体构造

（1）地理标志专用标志的二元管理主体

地理标志专用标志是经《地理标志专用标志使用管理办法（试行）》明确规定的官方标志，对于该标志的使用要经过官方的审查和公告。《地理标志专用标志使用管理办法（试行）》第3条②确立了国家知识产权局

① 《地理标志专用标志使用管理办法（试行）》第5条。

② 《地理标志专用标志使用管理办法（试行）》第3条：国家知识产权局负责统一制定发布地理标志专用标志使用管理要求，组织实施地理标志专用标志使用监督管理。地方知识产权管理部门负责地理标志专用标志使用的日常监管。

作为唯一审查许可主体和地方国家知识产权局监督监管的双层管理局面。

第一，国家知识产权局的唯一主管地位：地理标志专用标志是统一确定、发布和使用的官方标志，而有关地理标志专用标志的发布、审查和许可都必须由国家知识产权局作出，遵循申请审查核准的必要程序，以此维护地理标志专用标志作为官方标志的权威性并保障地理标志市场秩序的有序进行。

第二，地方知识产权管理部门的补充监管责任：在国家知识产权局唯一主管地位之外，为了保障地理标志专用标志的日常监管，地方知识产权管理部门被设置为补充监管主体，需定期向国家知识产权局报送上一年地理标志专用标志的使用和监管信息，并将地理标志专用标志使用和日常监管信息向社会公开。

贯彻落实中共中央、国务院关于全面加强知识产权保护工作决策部署的重要举措，贯彻落实国务院有关“放管服”改革要求，推进简政放权、优化服务改革，提高地理标志产品保护水平，“地理标志专用标志使用核准改革试点”在国家知识产权局的推动下大力开展。未来地理标志专用标志的核准管理制度或可改变既有格局，实现权力的下放，进一步精简审核程序和时间周期，提升地理标志专用标志申请的审查核准效率。

（2）地理标志专用标志的三方使用主体

地理标志专用标志适用的目的在于特定地域满足条件的地理标志保护产品生产者可以依据申请和国家知识产权局的审核在其产品上标注特定专用标志，用于消费者得以据此作出消费选择。因此，在既往三类地理标志保护模式并行下，“地理标志专用标志的使用场景并非仅限于地理标志产品保护模式，在地理标志集体商标和地理标志证明商标法保护模式下，专用标志同样可供经公告地理标志已作为集体商标注册的注册人的集体成员和经公告备案的已作为证明商标注册的地理标志的被许可人使用”[①]。因此，在客体的三元归一的地理标志权模式下，地理标志专用标志的合法使用主体主要包括以下三类情形：

第一，经公告核准使用地理标志专用标志的生产者。经公告核准使用地理标志专用标志的生产者是地理标志产品保护模式下的地理标志专用标志适格使用主体。根据世界知识产权组织对生产者所作的广义解释，“生产者的含义应涵盖：(1) 所有农产品的生产者或其他任何利用天然产品的人；(2) 所有工业产品或手工艺产品的制造者；(3) 进行上述产品贸易的人”。[②] 由此可知，地理标志保护产品的“生产者”应包括两种类型的主体：一是地理标志保护产品的生产者或制造者；二是地理标志保护产品的经营者。

地理标志本身作为一个客观存在的事实符号时没有任何意义，而只有和特定质量或特征的产品相结合时，才赋予了地理标志生命力，即指示产品的地域来源，表明产品独特品质。产品的生产者和制作者则是该地理标志保护产品的创造者，其凭借自身的辛勤劳动或独特的技艺手法生产或制造出具有独特特征的产品，由此地理标志才具有了法律层面的意义，而地理标志保护产品的生产者或制造者也具有了成为使用者的正当性。此外，地理标志保护产品的经营者也应当是地理标志的使用人。有些地理标志是当地贸易最初在贸易中长期共同使用形成的。贸易作为商品交换的桥梁和媒介，是地理标志保护产品走出其生产地区，发挥地理标志宣传功能的重要主体。

第二，经公告地理标志已作为集体商标注册的注册人的集体成员，经

---

① 参见《地理标志专用标志使用管理办法（试行）》第5条。

② See WIPO, Model Jaw for Developing Countries on Appellation of Origin and Indications of Source, Geneva, WIPO Publication No. 809 (E), 1975, pp. 20-21.

公告备案的已作为证明商标注册的地理标志的被许可人[①]。集体商标所表明的是使用者在该组织中的成员资格，欲作为经公告的地理标志的集体商标注册人的集体成员应满足集体商标使用人的一般要求，即属于集体性组织的成员。在此基础上，地理标志集体商标的注册人通常并非该标志的使用人，经过该注册人同意的组织成员才是地理标志集体商标的使用人。地理标志集体商标注册人的集体成员需在满足入会要求的基础上，履行入会的基本程序和手续，而后才可在规定的范围内和商品上使用该地理标志集体商标。

地理标志证明商标的被许可人应当是同时满足地理标志要求和证明商标使用要求的主体，即商品符合地理标志证明商标条件的自然人、法人或其他组织。对于欲申请使用该地理标志证明商标并申请使用地理标志专用标志的主体而言，其应当严格按照该地理标志证明商标注册人制定并审核通过的证明商标使用管理规则制定的要求一一比对，在满足使用条件时，可经权利人许可在核定范围内使用地理标志证明商标和向国家知识产权局申请使用地理标志专用标志。

第三，经国家知识产权局登记备案的其他使用人。举办地理标志相关的公益性活动或确有正当理由和需要使用地理标志专用标志的，应通过向国家知识产权局申请登记备案的方式获得专用标志使用资格。

2. 地理标志专用标志使用权的取得

（1）地理标志专用标志使用权取得的前提

申请人对地理标志专用标志的申请都需要满足特定的要件，这是取得地理标志专用标志使用权的前提。本质上，该条件的设置与地理标志专用标志制度设置的初衷存在内在一致性，既能从使用者角度起到标注地理标

---

① 参见《地理标志专用标志使用管理办法（试行）》第5条。

志专有标志的地域和特定品质识别作用，又能从消费者角度起到真实的指引作用。因此，地理标志专用标志使用权的取得都必须满足产品生产地域要求和产品质量要求，并能够有力证明，这也是地理标志真实性、地域性、特异性和关联性的本质要求。就前者而言，需要申请人能够出具由当地政府主管部门出具的产品来自特定地域的证明，就后者而言，需要申请人能够出具由有关产品质量检验机构出具的检验报告，两份材料作为国家知识产权局作出批准与否决定的重要参考依据。

（2）地理标志专用标志使用权取得的程序

地理标志专用标志的取得必须经过申请提交和国家知识产权局审查批准，需经过严格的资料准备和审查程序。

第一，地理标志保护产品生产者申请地理标志专用标志申请材料和程序。地理标志保护产品产地范围内的生产者应当通过向当地知识产权管理部门提出申请并提交证明材料的方式，申请使用地理标志专用标志。所需提交的材料可分为三类：其一，《地理标志产品专用标志使用申请书》。其二，除申请书外，也应提供由产品所在地知识产权管理部门出具的产地核验报告。内容大致为“×××企业系××地理标志保护产品产地范围内生产者，该企业有生产资质、强制性产品认证、生产许可等，该企业生产的××地理标志保护产品（根据该地理标志产品保护要求具体表述）均产自××地理标志产品保护地域范围内，年产量××（产量），年产值××（元）。”其三，有关产品质量检验机构出具的检验报告以及检验报告所依据的标准全文。

整体上，以新会柑、新会陈皮生产者申请使用地理标志专用标志为例，其应提交的材料和证明如下：“（一）《地理标志产品专用标志使用申请书》；（二）《营业执照》复印件；（三）当地镇政府农办出具产品产自特定地域的证明；（四）法定产品质量检验机构出具的检验报告；（五）专用标志使用承诺书；（六）注册商标的企业提交注册商标证书复印件；（七）二年以上柑场土地租赁合同。产品地域证明和检测报告，在原产地上保证新会柑的正宗，以及产品质量的相关检测证明，进一步证明、保障新会柑、新会陈皮的产品品质。”①

市县知识产权管理部门对相关企业提交的申请材料进行初审，并派出两名以上工作人员实地核查该产品是否产自特定地域，企业生产资质、生产职责、食品许可等资质是否符合要求，生产的产品是否符合地理标志保护产品标准的相关规定，并出具核验结果报告。对审查合格的，市县知识产权管理部门应将申请上报省知识产权局，并附以下材料：包括申请使用地理标志产品保护专用标志的请示；由市县知识产权管理部门出具的核验报告；该产品执行的相关标准；申请专用标志企业汇总表。上述申请经省知识产权管理部门审核，由其向国家知识产权局出具审核意见，将《地理标志产品专用标志使用申请书》及有关材料、《申请使用专用标志企业汇总表》报送国家知识产权局。国家知识产权局审查合格登记后，发布公告，生产者即可在其产品上使用地理标志专用标志，获得地理标志产品保护。

第二，地理标志集体商标的集体成员或地理标志证明商标的被许可人申请地理标志专用标志的材料和程序。地理标志集体商标的集体成员或地理标志证明商标的被许可人申请地理标志专用标志的材料和程序与地理标志保护产品生产者大同小异，只是在提交的材料中需同时提交地理标志集体商标注册证、集体成员证明材料、地理标志证明商标的被许可人证明材料等。

3. 地理标志专用标志的权利行使规范

地理标志专用标志经国家知识产权局公告核准后，可以在法律规定范

---

① 侨宝君：《辨别新旧新会陈皮地理标志专用标志 你学会了吗》，载微信公众号“丽宫侨宝陈皮产业链”2020 年 12 月 24 日。

围内使用并接受地方知识产权管理部门的监督管理。《地理标志专用标志使用管理办法（试行）》已经明确划定了地理标志专用标志合法合规使用的边界，分别规定在第4条[①]、第6条[②]、第7条[③]和第8条[④]中，分别体现在整体使用要求、规范专用标志使用方式、如实使用地理标志专用标志和正确标示地理标志专用标志要求上。

---

① 《地理标志专用标志使用管理办法（试行）》第4条：地理标志专用标志合法使用人应当遵循诚实信用原则，履行如下义务：（一）按照相关标准、管理规范和使用管理规则组织生产地理标志产品；（二）按照地理标志专用标志的使用要求，规范标示地理标志专用标志；（三）及时向社会公开并定期向所在地知识产权管理部门报送地理标志专用标志使用情况。

② 《地理标志专用标志使用管理办法（试行）》第6条：地理标志专用标志的使用要求如下：（一）地理标志保护产品和作为集体商标、证明商标注册的地理标志使用地理标志专用标志的，应在地理标志专用标志的指定位置标注统一社会信用代码。国外地理标志保护产品使用地理标志专用标志的，应在地理标志专用标志的指定位置标注经销商统一社会信用代码；（二）地理标志保护产品使用地理标志专用标志的，应同时使用地理标志专用标志和地理标志名称，并在产品标签或包装物上标注所执行的地理标志标准代号或批准公告号……

③ 《地理标志专用标志使用管理办法（试行）》第7条：地理标志专用标志合法使用人可在国家知识产权局官方网站下载基本图案矢量图。地理标志专用标志矢量图可按比例缩放，标注应清晰可识，不得更改专用标志的图案形状、构成、文字字体、图文比例、色值等。

④ 《地理标志专用标志使用管理办法（试行）》第8条：地理标志专用标志合法使用人可采用的地理标志专用标志标示方法有：（一）采取直接贴附、刻印、烙印或者编织等方式将地理标志专用标志附着在产品本身、产品包装、容器、标签等上；（二）使用在产品附加标牌、产品说明书、介绍手册等上；（三）使用在广播、电视、公开发行的出版物等媒体上，包括以广告牌、邮寄广告或者其他广告方式为地理标志进行的广告宣传；（四）使用在展览会、博览会上，包括在展览会、博览会上提供的使用地理标志专用标志的印刷品及其他资料；（五）将地理标志专用标志使用于电子商务网站、微信、微信公众号、微博、二维码、手机应用程序等互联网载体上；（六）其他合乎法律法规规定的标示方法。

第四章

中国特色地理标志统一立法策略

第一节　地理标志统一立法的现实需求

一、地理标志是中国参与全球知识产权竞争的重要手段

知识产权制度是一项私法领域财产保护法律制度，也是知识产权保护的重要手段，在中美贸易摩擦中凸显得淋漓尽致。美国作为世界上最大的知识产权净出口国，凭借自身主导的全球知识产权规则体系加强对本国高新技术和创新的知识产权保护，建立以“美国优先”的国际贸易秩序，维持其以知识产权为核心基础的国际竞争力和全球创新大国地位。“发达国家将不断推动高标准的知识产权保护规则，塑造新的贸易壁垒，以维护国际竞争优势。”① 发展中国家在参与国际知识产权竞争中不得不遵循当前“美国化”的国际知识产权规则体系，中国作为全球知识产权引进大国，2020 年进口额达 378 亿美元，尤其是需向美国支付通信技术、汽车技术等高新技术知识产权费用，在专利、版权等传统知识产权领域国际竞争中处于弱势地位，但是中国是全球农业资源大国和历史悠久的文化大国，具有得天独厚的自然和人文资源优势条件，郑成思教授认为“地理标志是中国的长项”②，地理标志制度将成为中国参与知识产权国际竞争的重要手段。中国目前积极探索通过强化地理标志保护水平提升国际知识产权竞争力的路径，如《中欧地理标志协定》框架下中欧双方各 275 个地理标志互认保护。美国是新兴移民国家，历史文化不足、地理标志资源薄弱，制定专门法保护地理标志不符合美国全球利益，因此美国采取依托商标法保护地理标志的模式。

---

① 易继明：《后疫情时代“再全球化”进程中的知识产权博弈》，载《环球法律评论》2020 年第 5 期。

② 郑成思：《传统知识与两类知识产权的保护》，载《知识产权》2002 年第 4 期。

二、地理标志是带动区域经济发展实现乡村振兴的强大动力

党的十九大报告首次提出了“乡村振兴战略”，其与“商标品牌战略”相结合形成的“乡村振兴，品牌先行”策略已成为农业供给侧改革的重要抓手。《乡村振兴战略规划（2018—2022 年）》指出：“加快形成以区域公用品牌、企业品牌、大宗农产品品牌、特色农产品品牌为核心的农业品牌格局”以及“加强农产品商标及地理标志商标的注册和保护，构建我国农产品品牌保护体系”。2021 年 5 月，国家知识产权局、国家市场监督管理总局联合印发的《关于进一步加强地理标志保护的指导意见》中明确指出，“地理标志是重要的知识产权类型，是促进区域特色经济发展的有效载体，是推进乡村振兴的有力支撑”。乡村振兴是新时期重大战略任务，地理标志品牌建设是乡村振兴的有力抓手。在培育地理标志带动区域经济发展的探索中，2017 年已经形成两大全国典型经验：一是“宁德经验”，“全市已拥有 60 件已注册地理标志商标，惠及人口近 300 万，占全市总人口的 89%。农民人均年收入 1.4 万元，其中来自地理标志产业的收入占 53%，66.2 万人因此脱贫，贫困率已降至 5%以内，……地理标志精准扶贫的‘宁德经验’迅速在全国推广并登上世界舞台”①。二是“淮安经验”，截至 2020 年 10 月，淮安市注册地理标志商标 127 件，数量居全国设区市前列，成为引领淮安农民致富的“金字招牌”，特别是“‘淮安大米’每年为稻农增收 3 亿余元”②。广西最具价值的农产品品牌为横县茉莉花（茶），2020 年横县茉莉花产值 19 亿元，茉莉花茶产值 83 亿元，带动餐饮、住宿、交通、物流、旅游等服务业产值超 21 亿元，横县茉莉花（茶）

---

① 宁德市工商局：《宁德运用地理标志商标助推精准扶贫》，载《中华商标》2018 年第 7 期。

② 颜士荣、张晓红、罗妍：《品牌助力农产品乘风破浪——江苏省淮安市推进地理标志商标工作纪实》，载《中华商标》2021 年第 1 期。

产业综合年产值达 125 亿元[①]；2021 年“横县茉莉花茶”“横县茉莉花”两个地理标志区域品牌的“综合品牌价值达 215.3 亿元，比 2020 年品牌价值提高了 8.45 亿元”。典型经验充分说明地理标志促进乡村农业产业发展，提高农产品附加值帮助农民增收，带动食宿、观光、物流、文创等产业全链条发展，促进以地理标志为载体的本地特色文化传承和传播，强有力助推区域经济发展和乡村振兴战略实施。

三、地理标志是区域公用品牌建设的重要方式

农产品区域公用品牌是“特定区域内相关组织、企业、农户等所共有的，在产地范围、品牌许可使用、品种质量管理、品牌营销等方面具有相同的诉求与行为，以联合提升区域内外客户的评价，使区域产品与区域形象共同发展的农产品品牌”[②]，成为带动产业兴旺和推动乡村振兴的有力抓手。地理标志体现特定地域自然因素和人文因素农产品的知名度和美誉度，是当前农产品区域品牌建设的中坚力量。我国地理标志保护卓有成效，截至 2023 年年底，累计登记农产品地理标志 3510 个，批准地理标志产品 2508 个，注册地理标志商标 7277 件，虽然总数数量多，但存在品牌知名度不高，能够引领产业发展的代表性区域公用品牌较少等问题。“由于区域公用品牌的公共物品属性，建设区域公用品牌面临严重搭便车问题，为避免‘公地悲剧’现象的发生，需要政府有形之手介入以解决市场失灵。”[③] 申请地理标志一般需要由县级以上人民政府或者行业主管部门出具授权文件，政府可以通过“有形之手”介入地理标志的培育和运用，地理

---

① 何任朗：《好一朵横县茉莉花》，载《南宁日报》2020 年 12 月 11 日第 B08 版。

② 楼晓东：《农产品区域公用品牌风险评估方法探讨——基于质量安全视角》，载《社会科学家》2014 年第 3 期。

③ 李道和、叶丽红、陈江华：《政府行为、内外部环境与农产品区域公用品牌整合绩效——以江西省为例》，载《农业技术经济》2020 年第 8 期。

标志成为政府发挥能动作用建设区域公用品牌的主要方式。典型代表如“安溪铁观音”，2000年4月“安溪铁观音”获准注册地理标志证明商标，2005年被认定为中国驰名商标，在美国、法国、日本、韩国等几十个国家注册了“安溪铁观音”，2022年以1430亿元位列中国品牌价值区域品牌（地理标志产品）第一，连续七年名列全国茶叶类区域品牌价值第一。“安溪铁观音”的成功不仅仅在于该地理标志本身成为具有影响力的区域公用品牌，同时还带动系列产品品牌发展，八马、凤山、中闽魏氏、三和、华祥苑、日春等龙头企业商标被认定为中国驰名商标，另有著名商标和知名商标几十件，形成了以地理标志证明商标为母品牌，企业商标为子品牌的品牌族群，带动区域产业经济整体发展。

第二节　地理标志统一立法面临难题

一、三种地理标志模式整合难

2022年3月，为配合国家知识产权局构建地理标志统一认定制度，农业农村部停止农产品地理标志登记工作，包括受理、评审、公示和公告，相关登记计划也相应停止实施，并于11月17日发布第623号公告，宣布废止农业农村部《农产品地理标志登记程序》。农业农村部这一举措意味着我国地理标志统一认定制度与统一立法的推进刻不容缓，地理标志统一立法的核心在于整合“三元模式”，修正“三元模式”下既存的权利冲突等问题，但整合现有的“三元模式”仍面临诸多现实困难。

第一，“三元模式”下主管机构不一，机构间利益相冲突。目前商标法保护模式下地理标志由国家知识产权局商标局主管，地理标志产品保护模式下地理标志由国家知识产权局知识产权保护司主管，农产品地理标志保护模式下地理标志由农业农村部主管，农业农村部虽已停止受理农产品地理标志登记工作，但之前登记的农产品仍受其管理，三大主管机构在实践中各自独立、互不干扰。地理标志统一立法进程中需将地理标志认定、管理、质量标准建设等工作全部整合至一个部门，在整合“三元模式”时必将涉及三大主管机构之间的利益冲突，如何平衡各方利益是一大难题。

第二，“三元模式”下法律概念与构成要件不一。《商标法》第 16 条第 2 款规定“地理标志，是指标示某商品来源于某地区，该商品的特定质量、信誉或者其他特征，主要由该地区的自然因素或者人文因素所决定的标志”。《地理标志产品保护办法》第 2 条规定“地理标志产品，是指产自特定地域，所具有的质量、声誉或者其他特性本质上取决于该产地的自然因素、人文因素的产品”。《农产品地理标志管理办法》第 2 条第 2 款规定“农产品地理标志，是指标示农产品来源于特定地域，产品品质和相关特征主要取决于自然生态环境和历史人文因素，并以地域名称冠名的特有农产品标志”。《商标法》强调地理标志的“特定质量”“信誉”与自然因素或人文因素的关联性，《地理标志产品保护办法》强调产品的“质量”“声誉”与自然因素和人文因素的关联性，《农产品地理标志管理办法》则强调农产品品质与自然生态环境和历史人文因素的关系，上述“三元模式”对地理标志的规定看似相似，实则在许多重点部分有所区别。

第三，“三元模式”对地理标志认定标准不一。其一，形式审查相区别。商标法保护模式下的申请认定主体为县级及县级以上人民政府或行业主管部门授权其申请注册并监管的不以营利为目的的社会团体、行业协会等组织，除基础规定外，需附主体证明文件并详细说明其所具有的或者其委托的机构具有的专业技术人员、专业检测设备等情况，以表明其具有监督使用该地理标志商品的特定品质的能力；地理标志产品保护模式申请认定主体为县级以上人民政府指定的地理标志产品保护申请机构或人民政府认定的协会和企业，地理标志产品保护模式下需提供拟申请的地理标志产品的技术标准；农产品地理标志保护模式申请认定主体为县级以上地方人民政府择优确定的农民专业合作经济组织、行业协会等组织，农产品地理标志保护模式下需提供产地环境、产品质量符合国家强制性技术规范要求。其二，实质审查内容不同。商标法保护模式下实质审查是否存在法律禁止使用的情形、是否具备商标的显著特征、三维标志商标是否具备功能性、与他人在先申请或注册的商标权利是否存在冲突，同时负责对不以使用为目的的恶意商标注册申请、商标代理机构超出代理服务范围的商标注册申请予以驳回；地理标志产品保护模式下实质主要审查产品的名称、知名度、质量特色及其与产地的自然因素和人文因素的关联性，拟采取的后续监管措施以及产品的质量技术要求等；农产品地理标志保护模式下主要审查产品范围、产品名称、生产地域范围、质量控制技术规范、历史人文佐证资料、样品图片、登记现场核查报告、特殊情况等。

第四，“三元模式”缺乏信息共享机制，造成信息壁垒。如前文所述，“三元模式”依据不同的规定申请认定，分属不同机构主管，各自独立互不干扰。三大主管机构并不了解各自的认定流程及程序，造成实践中出现多头申报、一地多标的情形发生。例如，梧州市“六堡茶”，2011 年“六堡茶”获原国家质量监督检验检疫总局批准实施国家地理标志保护产品，保护范围为梧州市；2020 年 10 月“梧州六堡茶”被国家知识产权局批准注册为地理标志证明商标，保护范围为梧州市；2020 年 12 月“广西六堡茶”被农业农村部批准注册为农产品地理标志登记产品，保护范围为广西产茶的 12 个市 48 个县（市、区）539 个乡镇（街道）。可见，信息壁垒造成实践中同一地理标志出现主体不同、保护范围不同、主管机构不同等问题。

第五，“三元模式”下地理标志数量庞大，如何归整存在困难。截至 2023 年年底，我国累计批准地理标志保护产品 2508 个，累计核准地理标志作为集体商标、证明商标注册 7277 件，农产品地理标志 3510 个。在不考虑重复注册三种地理标志的情形下，共计 13295 件地理标志，其中地理标志商标注册数量超出地理标志产品与农产品地理标志数量的总和。地理标志数量庞大，种类众多，如何整合、整合之后如何管理均存在困难。

二、一步到位专门立法难

“良法是善治的前提，质量是立法的关键”，立法与社会需求息息相关，我国地理标志资源丰富，种类繁多，现有的“三元模式”冲突局面亟待完备的法律体系解决，但一步到位进行专门立法在现阶段难以实现，若一味寄希望于通过专门立法对地理标志进行保护，又将长时间置地理标志于管理混乱的局面，此举并不利于我国地理标志的开发利用与发展。

第一，现有的地理标志整体管理模式混乱，整合三种地理标志保护模式，构建地理标志管理体系需要时间。其一，我国地理标志保护目前处于重叠保护、权利冲突、管理混乱的现状，“三元模式”相冲突严重影响了地理标志的发展与价值。厘清地理标志管理混乱的现状，使地理标志最终走向有序保护需要构建完善的地理标志管理体系。其二，经济基础决定上层建筑，作为上层建筑的地理标志保护制度与我国的经济、文化发展的内在需求相适应。作为与区域特色紧密相连的代表性产品，地理标志不仅代表该产地相关产品的特定质量，还有助于助力区域经济发展。但基于地理标志保护体系不健全等原因，我国地理标志仍处于产量偏低、侵权频发等风险中，目前我国对地理标志的保护模式摸索尚不成熟，无法凝练成成熟的专门法。

第二，专门立法周期长成本高，难以有效应对现有需求。其一，进入立法程序前，专门立法需经过多年的预案研究、立项论证和再论证的前期准备工作；其二，进入立法程序后，还需经历调研、起草、提案、审议表决、公布的阶段，花费时间较长；其三，纵观各国历史，能发挥真正效用的法律必定是经过充分的调研、制订立法计划、限定规范领域、搜集立法资料、借鉴国内外先进经验等，全方位考虑下方可制定科学完备的法律，其间需耗费诸多立法成本。我国幅员辽阔，地理标志资源丰富，种类众多，地理标志陷入管理混乱局面已多年，亟待解决，若需建立专门立法对地理标志进行保护，还需等待较长周期，在立法过程中地理标志仍旧处于“三元模式”并存阶段，无法得到有效保护。

第三，高标准建立具有中国特色的地理标志保护法律体系需要时间探索。从全世界范围来看，各国地理标志立法均经历长时间的探索，以法国为例，作为专门立法的代表国家，法国建立了全世界最系统全面的地理标志保护立法，自 14 世纪对地理标志进行保护以来，中途经历制度建立初始期、制度建立成熟期、制度转型期三个阶段，地理标志法方才初步成型。我国地理标志保护现状较之法国更为复杂，不能期待一蹴而就建立完善的地理标志专门保护体系，需要根据地理标志保护现状选择最便捷高效的地理标志保护模式，在此基础上再对地理标志专门立法进行制度设计与摸索。

三、地理标志权利保护难

地理标志权作为一种独立的权利，在现有的“三元模式”中，仅商标法保护模式对地理标志适用于商标专用权及商标法下的权利义务体系与救济路径，地理标志产品与农产品并未赋予主体特定权利，作为独立的知识产权客体，在未进行专门立法之前，运用商标专用权对地理标志进行保护为现阶段的最优选项。

第一，“三元模式”下仅商标法保护模式为地理标志提供权利保护。三种地理标志保护模式中农产品地理标志保护模式和地理标志产品保护模式作为行政法规，均不涉及地理标志权利保护，仅商标法保护模式中对地理标志赋予商标专用权进行保护。不赋权的两种模式下仅能够为地理标志提供行政保护，并不涉及地理标志侵权的民事与刑事责任，若运用地理标志产品保护模式或农产品地理标志保护模式对地理标志进行保护，难以遏制现阶段地理标志侵权频发的现象，现阶段仅商标法保护模式能够为地理标志权利提供保护。

第二，商标与地理标志在权利取得核心要件、权利主体、权利客体、权利内容方面有着明显区别。地理标志与商标本质上相互区别，运用商标对地理标志进行保护并非长远之计，只是现阶段最便捷、高效的认定方式，作为独立的知识产权客体，地理标志最终仍要从商标法保护框架中独立出来运用专门法进行保护。

第三，现阶段运用商标法保护模式对地理标志进行保护是最优选项。长远而言，地理标志作为与商标相区别的独立知识产权客体，未来进行专门立法是必然，但专门立法目前仍旧处于探索阶段且存在立法周期长等问题，现阶段直接运用专门立法对地理标志进行保护并不现实，可暂时借助商标的成熟权利保护体系对地理标志进行保护，待时机成熟时再对地理标志进行专门立法保护。

第三节 地理标志统一立法“两步走”的可行性

一、地理标志统一立法“两步走”策略的提出

自 2018 年地理标志管理机构改革后形成农业农村部与国家知识产权局并行的二元管理模式，但原有的三套地理标志认定管理体系仍旧沿用，并未彻底改变地理标志保护主管部门间权力交叉重叠的冲突局面。究其原因在于对地理标志保护进行规定的《商标法》《地理标志产品保护办法》与《农产品地理标志管理办法》仍旧处于三足鼎立的局面。为进一步提升我国地理标志的保护水平，构建完善的地理标志保护制度，亟须出台与《民法典》《刑法》等相关法律相协调的高位阶法律规定，对地理标志形成全方位保护。但基于我国地理标志专门立法仍旧处于探索阶段、专门立法周期过长、我国地理标志亟待统一的地理标志保护体系规制等现实需求，依

托于《民法典》相关规定提出地理标志统一立法“两步走”策略。第一步为近期目标，在商标法框架下制定《地理标志条例》；第二步为远期目标，在专门模式下制定《中华人民共和国地理标志法》。

第一步，暂时将地理标志先统筹到商标法保护模式，借助商标制度和商标专用权保护地理标志。《民法典》第123条将地理标志规定为与商标同等的知识产权客体，为地理标志保护立法奠定了上位法依据，地理标志专门立法势在必行，但现有的地理标志相关规定尚不成熟且对地理标志的认定标准不一，一步到位进行地理标志专门立法难度大且立法成本过高。运用既存的商标法保护模式对地理标志进行保护：一是基于地理标志统一保护的紧迫但专门立法后劲不足这一现实情形，需要现有的规定对地理标志进行保护；二是地理标志商标法保护模式在立法与实践中最为接近地理标志保护的需求，《商标法》在地理标志相关立法中位阶最高，行政执法体系最完善；三是采用《商标法》对地理标志进行保护并同步出台《地理标志保护条例》，通过统一地理标志概念及构成要件、地理标志认定条件、现有认定体系“三合一”、建立地理标志商标统一受理、分类管理机制、健全地理标志商标认定中技术审查规则等，逐步将地理标志统一立法下的配套认定制度纳入正轨，构建完善的地理标志商标法保护制度。

第二步，待时机成熟，采用专门模式。地理标志作为与商标并列的知识产权客体，进行专门立法保护是地理标志未来的必然趋势。其一，以《民法典》和地方立法为基础通过专门立法将地理标志从商标框架下独立出来，《民法典》将地理标志和商标并列为知识产权客体，运用地方立法实时应对地理标志保护新要求，为地理标志实现专门立法提供丰富的地方经验；其二，通过商标法模式对地理标志进行保护、认定机制等进行整合，为地理标志专门立法奠定完善的制度基础；其三，待时机成熟后，依据商标法保护模式下完善的地理标志制度基础与地理标志保护需求的实践基础，探索制定《中华人民共和国地理标志法》，与《中华人民共和国著作权法》

(以下简称《著作权法》、《商标法》、《中华人民共和国专利法》(以下简称《专利法》)共同构成有机的知识产权保护体系。

二、我国商标制度为近期实现地理标志统一立法提供制度基础

我国地理标志保护现状仍处于相关立法尚未统一、主管机构间缺乏信息共享机制导致重叠保护与相关部门权利冲突等混乱局面，同时还有诸多地理标志亟须开发利用与保护，统一地理标志的保护刻不容缓。

第一，《商标法》为现有地理标志保护相关立法中的最高位阶。《地理标志产品保护办法》《农产品地理标志管理办法》作为部门规章，法律位阶较低，而我国地理标志资源丰富，种类繁多，两部部门规章在解决地理标志统一立法中的权利冲突问题时具有一定局限性；作为地理标志专门立法前的过渡阶段，地理标志的保护制度尤为重要，完备的地理标志保护体系有助于尽快过渡到专门立法阶段并奠定专门立法基础，《商标法》作为既存的高位阶的地理标志保护法律，其对地理标志的保护是最有力的，将地理标志统一至现有的商标法保护模式进行保护较为便捷且可以节约社会资源，是过渡阶段最适宜对地理标志进行统一保护的制度。

第二，《商标法》拥有完整的行政执法体系。现有的《地理标志产品保护办法》《农产品地理标志管理办法》等更侧重于地理标志的管理与监督，缺乏对地理标志的认定保护与法律救济程序，并未形成完善的地理标志保护体系；《商标法》中则较详尽地规定了侵权救济和执法措施，地理标志专门立法目的是防止地理标志侵权现象的发生，以此保护地理标志相关主体的权益，作为过渡时期的地理标志保护模式，商标法保护模式能够为地理标志提供较为完善的保护。

第三，地理标志商标注册量众多。根据现有数据统计，我国三种类型地理标志共计注册 13295 个，其中地理标志作为集体商标、证明商标注册累计 7277 件，地理标志商标注册数量超过其余两种地理标志的总和。在商

标模式下对地理标志进行统一保护：其一，基于资源节约的考虑，地理标志申请商标数量最多，在《商标法》框架下整合其余两种地理标志进行保护，有助于降低整合地理标志资源的成本；其二，商标法框架下的保护制度相较于其他两种保护制度法律位阶更高、执法体系更完整，能够在减少地理标志过渡期的立法成本的同时为地理标志提供较为全面的保护。

三、我国地理标志保护需求为远期实现地理标志统一立法提供实践基础

我国目前地理标志的法制建设仍滞后于地理标志建设，国家层面尚未针对地理标志出台专门的法律法规，上位法的缺失导致实践中出现地理标志概念难以统一、地理标志认定机制不一等问题，严重影响地理标志的发展进程。为能够尽快实现地理标志专门立法，由国务院出台《地理标志条例》，将地理标志统一至商标法保护模式进行保护，在弥补现有保护制度缺陷的基础上配套出台地方专门立法，通过地方先行试点，形成商标法保护模式与地方立法的合力，为未来实现地理标志专门立法奠定基础。

第一，我国《民法典》与地方立法探索为地理标志专门立法奠定了制度基础。其一，《民法典》第 123 条将地理标志和商标并列为独立的知识产权客体。虽然现阶段对地理标志采纳商标法保护模式进行保护最为适宜，但其实质上与商标的内在基因、构成逻辑和制度目标不同，地理标志是区别于商标的一种独立知识产权客体，采用商标法保护模式进行保护是权宜之计，地理标志专门立法是未来的必然趋势；其二，地方立法先行，为地理标志专门立法做了探索。2023 年 1 月 1 日我国首部地理标志保护地方性法规《广东省地理标志保护条例》施行，地方立法的实践探索将为国家层面立法的出台充当“先锋官”，针对地理标志领域存在的突出问题，为立法提供法治支撑，通过地方立法有助于充分发挥地方的主动性、积极性，突出问题导向，解决实际需求；地方立法实践中的突破性举措可上升为地

方性法规，在地理标志立法探索实践中发挥重要的制度供给作用；地方立法可实时响应国家层面对地理标志保护新要求，为地理标志专门立法在原则、框架、体例、内容等方面提供可借鉴的地方经验，为构建完善的地理标志专门立法体系进行了有益尝试。

第二，在国际知识产权竞争和博弈中地理标志是我国的长项而非强项，地理标志的保护需要强化。其一，我国地理标志资源丰富、种类繁多。作为传统农业大国，百色芒果、阳澄湖大闸蟹等具有地方特色的农产品资源众多；同时作为有着五千年悠久历史的文明古国，在历史的长河中造就了汝瓷、景德镇瓷器等丰富的地理标志资源。其二，我国地理标志保护制度混乱导致地理标志陷入侵权现象频发等风险中。地理标志在国际知识产权竞争中是我国的长项，但由于地理标志管理混乱、保护主客体差异、与商标权利冲突、保护力度不一等现实问题，严重阻碍我国地理标志的发展与进步，地理标志尚未成为我国的强项，需要强化对地理标志的保护为地理标志发展肃清障碍，提供地理标志发展的有序环境。

第三，《中欧地理标志协定》与《区域全面经济伙伴关系协定》（RCEP）的签订为我国地理标志专门立法提出外部要求。其一，两部双边与区域性国际条约的签署彰显了我国持续深化改革、扩大开放和保护知识产权的决心，也意味着我国现有的地理标志保护模式并不能适应全面提升知识产权综合实力的发展需要，设定更高水平的地理标志相关保护规则，形成统一科学的地理标志法律保障体系亟待实现；其二，签署的国际条约无法自然转变为国内的法律直接实施，需要通过完善国内立法方面与国际条约接轨。欧盟作为地理标志的起源地和当今地理标志保护的最高水平地区，采用地理标志专门法保护模式，马来西亚作为与我国邻近的东盟国家亦采用地理标志专门法保护模式，我国地理标志保护模式的选择与确定可借鉴欧盟的立法经验结合我国实际情况，构建符合我国国情的具有中国特色的地理标志专门法保护模式。

第五章

近期目标：商标法框架下制定《地理标志条例》

第一节　采商标法模式整合现有地理标志保护

地理标志凝聚了独特的自然人文特征，承载着巨大的经济价值。我国目前对地理标志采用“三元模式”进行保护，三种模式在实践中存在保护重叠、保护标准不一等问题，需要建立更完善的法律体系对地理标志进行保护。但一步到位进行专门立法难度大、成本高、耗时长，现阶段尚难以实现。因此，将地理标志暂时统筹到商标法保护模式，借助成熟的商标制度对地理标志进行保护是目前的最优选择。

一、统一地理标志概念及构成要件

地理标志统一保护的前提是统一地理标志的概念及构成要件，以解决地理标志概念不一、构成要件不同的现实问题。

第一，将概念统一为“地理标志”。我国现有的“三元模式”中，《商标法》中采用“地理标志”这一概念，《地理标志产品保护办法》采用“地理标志产品”这一概念，《农产品地理标志管理办法》中采用“农产品地理标志”这一概念。其中“农产品地理标志”这一概念限定的范围为“农产品”，意味着农产品以外的地理标志并不受其规制，农产品地理标志的产品范围过窄，不足以涵盖所有的地理标志，所以将其排除；“地理标志产品”这一概念实质上是地理标志的物质载体，并非地理标志本身，亦可排除；唯“地理标志”这一概念契合了《民法典》第123条中的“地理标志”与TRIPS协定中“地理标志”这一表述，采用“地理标志”这一表述最为适宜。

第二，统一地理标志的构成要件。《商标法》中规定“地理标志”需具备标示商品来源地，商品具备特定质量、信誉或其他特征，其特征主要由来源地、自然因素或者人文因素三个要件所决定；《地理标志产品保护办法》中规定“地理标志产品”需具备产自特定地域，产品具有质量、声誉或其他特性，其特性取决于该产地的自然因素、人文因素三个要件；《农产品地理标志管理办法》中规定“农产品地理标志”需为农产品，来源于特定地域，具备产品品质和相关特征，其特征主要取决于自然生态环境和人文因素四个要件。其一，《商标法》中“地理标志”的物理载体限定为“商品”，《农产品地理标志管理办法》中限定为“农产品”，一定程度上缩小了地理标志保护范围，《地理标志产品保护办法》中规定为“产品”，三者相较，“产品”是唯一能涵盖“三元模式”下所保护客体的名称；其二，“特定质量”与“质量”“品质”相较而言，“特定质量”更符合地理标志的内涵，地理标志所标示的产品应具有特定的品质，否则其申请地理标志不具有意义；其三，“声誉”与“信誉”相较而言，声誉的评价标准外延要广于信誉，声誉实质上是基于多种道德共识作出的价值判断，信誉是在经济活动过程中长期累积的一种社会评价，“声誉”更适宜作为地理标志的构成要件。综上，地理标志构成要件应为标示某产品来源于某地区，该产品的特定质量、声誉或者其他特征，主要由该地区的自然因素或者人文因素所决定的标志。

二、统一地理标志认定条件

梳理完地理标志概念与构成要件后，需进一步明确地理标志的认定条件，为地理标志的申请认定提供指导。地理标志作为标示某产品来源于某地区，该产品的特定质量、信誉或者其他特征，主要由该地区的自然因素或者人文因素所决定的标志。地理标志的认定兼具形式审查与实质审查，除形式要件外，地理标志还需具备真实性、地域性、特异性和关联性。

（一）具备形式要件

地理标志申请注册，由县级以上人民政府指定的产地范围内的地理标志保护申请机构或者认定的协会向国务院知识产权行政部门提出地理标志申请，在所属国或者地区获得地理标志保护的外国申请人可以向国务院知识产权行政部门提出地理标志申请；申请主体需提供商标注册申请书、申请人主体资格证书复印件、地理标志所标示地区县级以上人民政府或者行业主管部门授权申请人申请注册并监督管理该地理标志的文件、有关该地理标志产品客观存在及信誉情况的证明材料等申请材料。

（二）具备实质要件

地理标志的实质要件为真实性、地域性、特异性和关联性四性。

第一，地理标志具有真实性。地理标志的真实性是指地理标志产品的名称经过长期持续使用，被公众普遍知晓。地理标志之所以属于知识产权的客体，是因为地理标志是特定地理区域劳动群众智慧的结晶，是长期积累形成的，而不能是创新的产品，地理标志的名称必须真实，经过长期持续使用，被公众普遍知晓。

第二，地理标志具有地域性。地理标志的地域性是指地理标志标示产品来源于特定地理区域，以区分同类产品不同产地来源。地理标志名称、申请与使用主体均体现特定地理区域，产品的特定质量、信誉或其他特征取决于其所在区域的自然因素或者人文因素，不同区域有着不同的风土、物种、工艺、人文等诸多差异性，在其他区域出产的同类型产品无法具有同样的特质，且其申请与使用主体同样受到严格的地域限制。作为一种指示性标记，地理标志标示着特定的区域、地区或者地点，表明了某项地理标志产品的来源地，使消费者能够区分来源于地理标志所在区域的产品与其他区域的产品。首先，地理标志所代表的区域须为真实存在的区域，可以是一个地区或一个国家甚至是曾存在过的历史地名；其次，地理标志的地域性决定了只有在地理标志所标示的区域范围内的相关主体有权申请或使用该地理标志，并获得法律保护，地域外的主体使用该地理标志，属于假冒地理标志；最后，地域性将地理标志所在地的地理环境优势发挥到极致，通过当地特殊的地理环境或者人文因素的双重作用，地理标志具有区分于同类产品的质量、声誉等特征，在其他区域出产的同类型产品，即使品质相当或更优也不可等同于地理标志产品。因此，地理标志在申请注册后，国家对于可使用这一地理标志标示的产品也有着严格的出产地域限制。

第三，地理标志具有特异性。地理标志的特异性是指地理标志必须有特定质量、信誉或者其他特征及能够区别于同类产品的具有稳定性、固化性的品质特征，让别人通过这种品质特征就能识别出这种地理标志产品，包括产品的感官特征和理化指标。感官特征是指通过人的感官（视觉、味觉、嗅觉、触觉等）能够感知、感受到的特殊品质及风味，可以是大小、重量、颜色、口味等；理化指标是需要通过仪器检测的可量化的独特理化品质指标，常见的如水果的营养成分含量、酒的酒精度、陶或瓷器的硬度、密度等。特异性是地理标志区别于其他同类产品的基础，也是地理标志注册的认定要件。例如，“龙岗芡实”的特定品质是嫩果呈圆形，色深青、青中带黄或黄中透红。粒大壳薄，颗粒饱满圆润，特级籽粒直径≥ 14 毫米，一级籽粒直径范围 12 ~ 14 毫米。煮熟后壳软、易去壳。芡米色泽粉嫩，断面白色。米甜而不涩，入口爽滑，口感绵糯，味道清香，水分≤ 50%，淀粉≥ 35 克 /100 克，蛋白质≥ 6 克 /100 克，脂肪≤ 0.6 克 /100 克，膳食纤维≥ 1.6 克 /100 克，色深青、青中带黄或黄中带红、粒大壳薄都是感官上的特征，而果形指数是表示产品形状的，甜、味道清香等都是表示口感的，其他数据都是理化指标。特异性具体体现在其与同类产品相比具有明显的特定差异，该种差异可以通过特定质量、声誉或其他特征等体现出来，而该地理标志产品所具有的特定质量或声誉，是除原产地以外的其他地域所无法达到的，但值得注意的是，其特定质量并非代表地理标志产品在同类产品中质量最好，而是具有特色，地理标志赋予来源于某一特定区域的产品相当的质量、声誉或其他特征，如“福鼎槟榔芋”以其表皮呈棕黄色，芋肉为乳白色带紫红色槟榔花纹，质地细、松、酥、浓香，淀粉含量 25% 以上的为其特异性，如果没有了其特定的品质，“福鼎槟榔芋”只是福鼎产的槟榔芋。

第四，地理标志具有关联性。关联性是指地理标志所表现出来的特定质量必须与其生产区域的自然因素或者人文因素密切相关，这种关联性表现为地理标志的特异性完全或者主要取决于该地的自然因素或者人文因素。关联性体现在地理标志产品独有的质量特征与生产地域的地理位置、地质构造、气候环境、土壤成分、水质成分或独特的工艺等具有密切联系，这些都是不可人为异地复制的当地自然环境或工艺。关联性，是地理标志的核心，也是地理标志认定的必备要件，更是地理标志保护的灵魂。地理标志的关联性认定存在主观关联性与客观关联性之争：主观关联性主张地理标志的关联性以消费者的主观认知为标准；客观关联性主张特定地理区域的自然因素或者人文因素与商品特定品质的客观联系。我国采取主观关联性与客观关联性相结合进行认定的模式，并不单一地依据消费者的认知或人文、地理因素对特定品质的影响进行认定。

三、原有“三元模式”地理标志的转化

统一地理标志进程中需明确原有“三元模式”的地理标志如何转化以及转化的程序，主要涉及主管机构、主体、客体的转化和转化过渡期。

第一，机构的整合。改变原有的“三元模式”下三大主管机构分别管理三类地理标志的局面，将地理标志的管理权限统一至国家知识产权局商标局，地理标志原受理申请机构停止受理地理标志的注册申请，由国家知识产权局通知“三元模式”下已注册的地理标志，在补齐相关资料后纳入统一的地理标志商标注册体系。

第二，主体的转化。《地理标志条例》通过后，对于其生效前已注册两种地理标志类型以上的地理标志，由地理标志所在地县级以上人民政府

（跨行政区的由上一级政府共同协调）经过多方协商确认地理标志最终的申请主体，申请主体为地理标志保护申请机构或者协会。

第三，客体的转化。截至 2023 年年底，我国已批准地理标志保护产品 2508 个，核准地理标志集体商标、证明商标注册 7277 件，农产品地理标志 3510 个。《地理标志条例》实施前已获得地理标志产品保护、农产品地理标志登记的地理标志，向国家知识产权局商标局提出申请，经核准，转化为地理标志集体商标或者地理标志证明商标。《地理标志条例》实施前同一地理区域内同一产品，已注册为地理标志集体商标或者地理标志证明商标，同时获得地理标志产品保护或者农产品地理标志登记的，保留已注册地理标志集体商标或者地理标志证明商标予以保护。

第四，设置转化过渡期。基于我国地理标志注册数量众多这一现实情形，《地理标志条例》通过后，可设置过渡期，为已申请地理标志产品或农产品地理标志的地理标志提供充足的补充地理标志商标证明材料时间，将其重新纳入新的统一的地理标志注册体系。

第二节　制定《地理标志条例》

一、《地理标志条例》的基本目标

为了在过渡期间有效规范地理标志管理，加强地理标志保护，保证地理标志产品的特定质量和信誉，保护消费者的合法权益，由国务院出台《地理标志条例》。作为地理标志统一立法“两步走”策略过渡期的保护条例，《地理标志条例》在地理标志统一立法进程中承担着承上启下的重要角色。

第一，《地理标志条例》旨在在过渡阶段通过调和各方利益以实现保护公共利益的目标。地理标志统一保护体系的建立需按照公平诚信等原则进行构建，在其制定过程中，需兼顾地理标志商标、地理标志保护产品、农产品地理标志三类地理标志的利益，同时还需兼顾地理标志申请主体、使用主体、经营主体等多方主体的利益，通过综合考虑各方利益，在《商标法》框架下制定该条例，统一整合三类地理标志的进程中提升地理标志的保护水平，以达到在过渡阶段亦能为地理标志发展提供有效保护措施的目标。

第二，为地理标志专门立法积累经验。作为规章，《地理标志条例》的规定相对完备并具有一定独立性，对统一立法后的地理标志的注册申请、审查注册、使用管理、发展促进和国际合作等作了明确规定，弥补了当前地理标志保护体系下的缺陷；且条例较之法律具有一定灵活性，在地理标志保护进程中，可以适当对条例进行调整以适应新形势，通过不断丰富和完善《地理标志条例》，为地理标志专门立法的远期目标积累丰富的经验。

二、《地理标志条例》的体例结构与基本框架

《地理标志条例》的体例结构应包括总则、分则与附则三个部分，基本框架主要为：

第一部分，总则。本部分包括立法目的、地理标志的主管部门、地理标志的定义及产品范围、地理标志申请和使用的基本原则、资源普查工作、原有三类地理标志转化等。

第二部分，地理标志的注册申请、审查和注册。本部分包括地理标志的名称构成、申请主体、申请条件、申请材料、外国地理标志申请材料、地理标志的初步审查、技术审查、注册公告。

第三部分，地理标志的使用和管理。本部分包括地理标志的使用、地理标志专用标志、质量技术监管、注册人管理职责等。

第四部分，地理标志的发展促进与国际合作。本部分包括地理标志的公共服务平台建设、地理标志的产业促进措施、国家级和省级地理标志产品保护示范区申报和建设、地理标志运用促进工程、地理标志服务、宣传、

地理标志国际合作中的对等保护原则、国际互认互保等。

第五部分，地理标志的法律责任。本部分包括侵犯地理标志行为的衔接条款、地理标志专用标志的法律责任、质量管理责任、工作人员责任等。

第六部分，附则。本部分包括地理标志条例的生效时间。

三、与相关法律的衔接协调

《地理标志条例》作为地理标志统一立法“两步走”策略过渡期的配套条例，不仅需要完善地理标志的认定制度，还需考虑与其他相关法律的协调问题，既要在《商标法》框架下构建统一的认定制度，又要与《民法典》《刑法》等法律形成合力，实现地理标志的全方位保护。

第一，废止《农产品地理标志管理办法》与《地理标志产品保护规定》《地理标志产品保护办法》。自《地理标志条例》生效之日起，为实现地理标志的立法统一，原有的《农产品地理标志管理办法》与《地理标志产品保护规定》《地理标志产品保护办法》同步废止，地理标志的申请、审查、认定、管理统一至商标法保护模式。

第二，《地理标志条例》与《民法典》《刑法》的衔接。对违反《地理标志条例》规定，侵犯地理标志权的行为，条例规定了行政处罚方式，此外，在适用传统民事责任承担方式之外，还可依照《商标法》获得最高法定赔偿额为500万元的惩罚性赔偿。侵犯地理标志行为构成犯罪的，依据《刑法》相关规定追究刑事责任。

第三，与其他部门规范性文件的衔接。地理标志统一纳入商标法保护模式保护后，原有部门规范性文件《国家地理标志产品保护示范区建设管理办法（试行）》《地理标志运用促进工程实施方案》继续有效。以两部文件为抓手，在商标法保护模式下继续推行地理标志产品保护示范区建设与地理标志运用促进工程，是坚持贯彻党中央、国务院的决策部署的重要举措。继续实施地理标志运用促进工程是当前知识产权强国建设的一项重要任务，是提高知识产权运用综合效能，推动地方特色经济高质量发展的一项重要工作，是实施乡村振兴战略、助力打赢扶贫攻坚战的一项重要举措；通过继续推进地理标志产品保护示范区的建设，树立叫得响的国家地理标志保护示范精品，提供可复制、可推广的保护经验，发挥示范区引领带动作用，提高地理标志产品知名度和市场影响力，形成具有较大产业规模、较显著社会经济效益、较高保护水平的示范区域。与商标法保护模式形成地理标志保护与建设合力，在推进地理标志保护的同时推进建立地理标志产品保护示范区与地理标志运用促进工程，共同打造地理标志一体化、全流程建设体系。

第三节　统一地理标志商标注册和管理规则

一、现有认定体系“三合一”

地理标志现有三套认定体系，分属于国家知识产权局知识产权保护司、国家知识产权局商标局、农业农村部三个机构主管，将地理标志纳入商标法模式下进行保护，将涉及国家知识产权局知识产权保护司、国家知识产权局商标局与农业农村部三个主管部门之间的审查认定冲突问题，此时应建立统一的地理标志认定制度。

第一，统一将认定职能整合至国家知识产权局商标局下。国家知识产权局商标局作为统一立法后主管地理标志的机构，将地理标志产品和农产品地理标志纳入商标系统进行保护势在必行，由国家知识产权局商标局统一负责地理标志的认定、审查、批准工作，将认定制度统一至国家知识产权局商标局有助于直接有效地对地理标志进行管理。

第二，统一地理标志认定的审查标准。通过将《地理标志产品保护办法》与《农产品地理标志管理办法》中有关专家审查的标准等进行整合归纳至商标法保护模式下，实现地理标志产品质量标准的一致，有助于解决认定实务中的刚性冲突问题；机构整合后，由原负责地理标志产品保护的部门负责地理标志特定质量的监督与管理事宜，并制定与地理标志商标法保护模式相协调的地理标志质量监管制度，作为认定审查的重要标准之一；借鉴欧盟国家地理标志专门立法与具体标准相结合的系统保护模式，在商标法保护模式下，分别设立各类地理标志产品的保护制度，实现类别化管理，根据不同类别的地理标志产品特性制定不同的质量标准，并辅以各类产品的统一质量标准为兜底标准，避免标准不一的局面。

第三，建立以专家审查为支撑的审查认定制度。强化地理标志专业技术培训工作，提升审查人才队伍业务能力，促进审查标准一致；根据地理标志产品特点设立相应的地理标志专家库，负责对地理标志进行技术审查，提升地理标志技术审查专业化水平；商标局受理地理标志商标注册申请后，组织专家审查委员会对其进行技术性审查，审查合格认定为地理标志商标。

二、建立统一地理标志认定机制

（一）统一规范地理标志名称

地理标志商标没有规范名称形式，因此既有以中文形式注册的地理标志商标，也有拼音形式，还有“图形+文字”形式的地理标志，表现形式较为丰富。《地理标志产品保护办法》第 7 条第 2 款规定：“地理标志产品名称可以是由具有地理指示功能的名称和反映产品真实属性的通用名称构成的组合名称，也可以是具有长久使用历史的约定俗成的名称。”《农产品地理标志管理办法》第 7 条第 1 项规定申请地理标志登记的农产品“称谓由地理区域名称和农产品通用名称构成”。在实践中，地理标志的“地理区域名称”不仅表现为现行和历史行政区划名称，也包括山河湖泊等自然区域名称，但是已经注册或登记的地理标志名称却存在诸多乱象：第一，地理区域名称不规范，既不是行政区划名称也不是自然区域名称，例如，

“化橘红”由化州市化橘红产业协会于2015年10月28日注册为地理标志证明商标，“雅鱼”是四川省周公河珍稀鱼类省级自然保护区雨城管理处于2009年3月28日注册为地理标志证明商标，这里的“化”是“化州市”的简称，“雅”是“雅安市”的简称，勉强算作地理区域名称，但是2014年2月13日《质检总局关于批准对安泽连翘等产品实施地理标志产品保护的公告》（2014年第13号）批准广东省肇庆市鼎湖区沙浦镇产的“文鲤”作为地理标志保护产品，则实难判断出“文”和产地的关系。第二，地理区域名称已经演化为产品通用名称，但是“新地理区域名称+老地理区域名称作为产品通用名称”与“老地理区域名称+产品名称”两类地理标志共存，如“龙井茶”，2001年原国家质量监督检验检疫总局正式批准为原产地域保护产品，“龙井茶 Longjin Tea”由浙江省农业技术推广中心于2008年12月7日注册为地理标志证明商标，“龙井”系位于西湖之西翁家山的西北麓龙井村，在杭州狮峰山下的宋广福院内也有“龙井泉”，因此“龙井”作为地理区域名称与茶共同组成的“龙井茶”地理标志，但是由于“龙井茶”逐渐演化为一种绿茶的通用名称，因此杭州市西湖龙井茶管理协会于2011年6月28日将“西湖龙井”注册为地理标志证明商标，在此“龙井”又作为一种产品通用名称，与“西湖”地理区域名称共同组成地理标志名称，且“龙井茶”与“西湖龙井”两枚地理标志证明商标共存，与通用名称不能作为地理标志的原则相悖。第三，同一种产品在不同类型地理标志保护模式下名称不同，如前文已举例“六堡茶”为地理标志保护产品名称，“梧州六堡茶”为地理标志证明商标名称，“广西六堡茶”为农产品地理标志名称。第四，缺乏产品通用名称，如贵州省湄潭县茶业协会于2011年7月28日注册的“遵义红”，昭平县茶叶协会于2014年1月7日注册的“昭平绿”，“遵义”“昭平”是地理区域名称，但是仅用“红”或者“绿”无法完整准确表示产品通用名称。

因此，统一地理标志认定制度，首先要制定地理标志名称规范，坚持

“地理区域名称+通用产品名称”的命名原则，规范地理标志命名，对于同一种产品存在不同名称的情况，未来有必要进行系统的清理，净化地理标志环境，统一地理标志市场。

（二）确定地理标志认定产品范围

在我国地理标志“三元模式”中，地理标志商标没有限定具体产品范围，地理标志保护产品的申请范围根据《地理标志产品保护办法》限于种植、养殖产品以及采用特定工艺生产和加工的产品，农产品地理标志产品的申请范围根据《农产品地理标志管理办法》来源于农业的初级产品，即在农业活动中获得的植物、动物、微生物及其产品。

2006 年原国家质量监督检验检疫总局《地理标志产品保护规定实施细则（暂行）》第 7 条将地理标志产品进一步细化分为三类：第一类是在特定地域种植、养殖的产品，其特殊品质、特色和声誉主要取决于当地的自然因素；第二类是原材料全部来自该地区，其产品的特殊品质、特色和声誉主要取决于当地的自然环境和人文因素，并在该地采用特定工艺生产；第三类是原材料部分或全部来自其他地区，其产品的特殊品质、特色和声誉主要取决于产品产地的自然因素和人文因素，并在该地采用特定工艺生产和加工。2009 年原国家质量监督检验检疫总局《地理标志产品保护工作细则》第 2 条将上述后两类可以申请认定地理标志产品表述略作调整：一是强调“在产品产地采用特定工艺生产加工”；二是明确人文因素是“生产该产品所采用的特定工艺中的人文因素”。“种植、养殖的产品”仅强调自然因素，不需要体现人文因素，则可将野生动植物品种纳入地理标志产品范围，实际上是背离了地理标志的制度初衷。因为地理标志作为一种知识产权客体，凝结了劳动人民世代的智慧劳动，地理标志认定需要具备关联性，即要求产品的特殊品质、特色质量、特色声誉与产地的自然因素和人文因素相关联，人文因素是不可或缺的一个因素。在构建统一地理标志认定制度过程中，制定地理标志申请的产品范围及其标准是科学认定地理标志的前提。地理标志认定的产品范围应当排除天然产品，限于种植、养殖的初级农产品，加工制造产品和手工艺产品。

（三）明确地理标志认定产品分类标准

地理标志商标申请直接适用《商标注册用商品与服务国际分类尼斯协定》所确定的商品范围，地理标志保护产品在确定了上述三类产品范围的基础上，在《地理标志产品保护规定实施细则（暂行）》第8条明确地理标志产品类别一般包括：种植、养殖类产品及初加工产品、加工食品、酒类、茶叶、中药材、工艺品及传统产品等。农产品地理标志登记则通过《农产品地理标志登记保护目录（试行）》（农质安发〔2013〕11号）将农产品做了较为细致的分类，共分为种植业产品、畜牧业产品和渔业产品三大类，种植业产品分为蔬菜、果品、粮食、食用菌、油料、糖料、茶叶、香料、药材、花卉、烟草、棉麻蚕桑、热带作物和其他植物14个二级类别；畜牧业产品分为肉类产品、蛋类产品、奶制品、蜂类产品和其他畜牧产品5个二级类别；渔业产品分为水产动物、水生植物和水产初级加工品3个二级类别。每个二级类别下罗列了若干具体产品形式。

随着地理标志"三元合一"的推进，制定专门的地理标志认定产品分类已经迫在眉睫。2022年7月29日全国知识管理标准化技术委员会地理标志分技术委员会发布《关于对〈地理标志认定 产品分类与代码〉国家标准征求意见的通知》。通知表示：根据国家标准化管理委员会国家标准制修订计划，由全国知识管理标准化技术委员会地理标志分技术委员会（SAC/TC554/SC1）提出并归口的国家标准《地理标志认定 产品分类与代码》（计划编号：20214639-T-463），已组织行业内有关单位及专家经多轮研讨修改形成征求意见稿，按照《国家标准管理办法》的有关规定，向社会各界公开征求意见，2023年12月28日该标准发布并实施。《地理标志

认定 产品分类与代码》采用线分类法为主、线面分类法相结合的分类方法，将地理标志产品划分为大类、中类、小类 3 个层级。地理标志产品大类按产品的产地关联性和食用性进行分类排序。地理标志产品中类为产品大类的下一层级，同层次类目为并列关系，按产业类别和生物学属性进行分类排序。地理标志产品小类为产品中类的下一层级，同层次类目为并列关系，按加工工艺和生物学属性进行排序。起草组将已批准的 2498 个地理标志产品、7173 件地理标志商标、3510 个农产品地理标志进行产品分类，充分总结了所有产品的类别。产品大类分为食用农林产品及食品、非食用农林产品、中药材、手工艺品及其他 5 个部分，产品大类食用农产品及食品中，将我国特色的产品茶叶类和酒类作为产品种类前置，突出中国特色，分类过程中以《地理标志产品保护规定》为指导依据，参照《GB/T 4754-2011 国民经济行业分类与代码》，并参考了欧洲议会和理事会关于农产品和食品质量方案的第 1151 号实施条例附件中规定的产品分类①，规定了产品大类和中类的相关内容划分。具体类别分类过程中，加工食品类参考了《市场监管总局关于修订公布食品生产许可分类目录的公告［2020 年第 8 号］》；茶叶类参考了《GB/T 30766-2014 茶叶分类》；酒类参考了《GB/T 17204-2008 饮料酒分类》；调味品类参考了《GB/T 20903-2007 调味品分类》；农产品类参考了《NY/T 3177-2018 农产品分类与代码》；水产品类参考了《GB/T 41545-2022 水产品及水产加工品分类与名称》；中药材类产品参考了《中华人民共和国药典》（2020 年版）及《GB/T 7635.1-2002 全国主要产品分类与代码第 1 部分：可运输产品》。

《地理标志认定 产品分类与代码》国家标准未来的进一步完善，应当

---

① 欧盟《第 1151/2012 号条例》在附录一列举了具体的产品：啤酒；巧克力及相关产品；面包、点心、蛋糕、糖果、饼干及其他焙烤产品；从植物中榨取的饮料；面食；盐；天然橡胶和树脂；芥末糕；干草；精油；软木塞；胭脂虫红；花卉和观赏植物；棉花；羊毛；柳条；打成棉的亚麻；皮革；毛；羽毛。

重点考虑三个要素：第一，中国风格，地理标志认定产品分类应当凸显中国风格，将中国特有物产纳入产品类别，特别是强化对中药材的分类保护，《知识产权强国建设纲要（2021—2035 年）》明确提出“推动中医药传统知识保护与现代知识产权制度有效衔接，进一步完善中医药知识产权综合保护体系”，地理标志是为传统中药材提供知识产权保护的有力手段，应当尽可能明确能够申请地理标志中药材产品细目。第二，时代特色，根据地理标志产品范围，除了初级农产品和手工艺产品，加工制造产品也可以申请地理标志，中国作为世界制造大国，改革开放 40 余年来，部分地区在特定加工制造业已经享誉世界的特色工艺和声誉，但是目前纳入地理标志保护的屈指可数。欧洲理事会成员国相关各部长 2022 年 12 月 1 日通过了其工艺和工业产品地理标志（GI）保护条例的立场（“一般方法”），在欧盟层面为工艺和工业产品（如珠宝、纺织品、玻璃、瓷器等）建立直接适用的地理标志保护，以补充欧盟对农业领域地理标志的现有保护，帮助工匠和生产者，特别是中小企业，按照欧盟竞争规则在欧盟层面推广和保护其传统知识，从而促进更多的创新和工艺投资。地理标志作为一种发展中的知识产权制度，应当与时代相结合，体现工业时代的产业发展保护需求，纳入更多工业产品类别。第三，国际接轨，《中欧地理标志协定》是中欧之间首次大规模互认对方的地理标志，协定附录共纳入双方各 275 个地理标志产品，总共 550 个，实现地理标志互认互保，因此制定地理标志认定产品类别，不能故步自封，仅考虑国内产品情况，还要考虑产品走出国门，在国外主要市场如何保护、如何与国外地理标志产品类别接轨的问题，同时，做好中国特色产品类别划分标准向国际输出的工作，以地理标志作为中国参与国际知识产权规则共建的切入点。

三、健全地理标志商标认定中技术审查规则

在地理标志商标认定的进程中，为确保地理标志的准确性、真实性，

促进地理标志的发展和质量管理，健全的技术审查规则不可或缺。

第一，健全实质审查制度。地理标志最本质与核心的特色在于其独特的质量、信誉或其他特征，也是认定地理标志的重要条件，在商标法保护模式下对地理标志进行认定需健全实质审查制度。对地理标志产品进行实质审查时，主要审查三个要素：一是对地理标志产品的特定质量即感官特征、理化指标或特殊的制作方法，地理标志需以具备特定质量、信誉或其他特征作为审查的重中之重；二是对地理标志产品的生产地域范围进行审查，地理标志生产地域的划分可具体到乡、村或以山、河流为界；三是对地理标志特定质量、信誉或其他特征与标示区域关联性进行严格把控，以确保地理标志符合保护的要求。

第二，统一产品质量标准要求。商标法保护模式下未规定地理标志质量标准，地理标志产品保护和农产品地理标志保护模式下虽都有规定产品的质量标准，但二者并不一致，地理标志产品要求产品安全及其他质量技术要求必须符合国家相关规定；农产品地理标志的产地环境、产品质量符合国家强制性技术规范要求。我国需尽快统一地理标志的质量标准体系，由原负责地理标志产品保护的部门主管质量监督，统一有关地理标志的质量标准，未达到标准的使用申请者，不得在其生产的商品上使用与该地理标志相同或近似的标志。严格规定地理标志质量标准有助于保障地理标志的特色与质量、提升我国地理标志的国际认可度。其一，统一地理标志质量标准是地理标志本质属性的内在要求。地理标志最核心的特征在于其特定的质量，目前我国很多企业片面强调产地的真实性，而忽视了产品的特色和质量，制定严格质量标准有助于保证地理标志产品的特色和质量；其二，统一产品质量标准，有助于提升我国地理标志的国际认可度。地理标志双边互认的重要因素就是双方的地理标志标准水平具有一致性，只有通过提升国内地理标志质量标准的水平，才能扩大我国地理标志与欧盟等地区的互认范围。

第六章

远期目标：专门法模式下制定《中华人民共和国地理标志法》

第一节 我国制定《地理标志法》的总体思路

地理标志逐渐成为中国参与全球知识产权竞争的重要手段。当前我国地理标志保护存在“地理标志产品保护模式”“地理标志商标法保护模式”和“农产品地理标志保护模式”三种保护模式并存。“三元模式”下地理标志管理混乱、保护力度不一等问题已逐渐凸显，探索制定《地理标志法》，实现从“三元模式”到“三元合一”是目前保护地理标志工作的重点。《地理标志法》的结构分为总则、分则和附则三个部分，并实现与《民法典》《刑法》和《商标法》的有效衔接，以构建地理标志法律保护体系。

一、制定《地理标志法》的顶层设计

我国地大物博、资源富饶、农耕历史悠久，东西南北各地均产生了极具地域特色、深受国内外消费者喜爱的名优特产，地理标志被认为是中国知识产权的优势之处[①]，在知识产权强国建设和乡村振兴战略实施背景下，应当以法治手段强化地理标志优势地位，制定专门的《地理标志法》，重塑地理标志保护模式、管理体制并以地理标志权为核心构建责任体系，为中国参与国际知识产权博弈、提升国际经济贸易中的竞争力，带动区域经济发展实现乡村振兴，为建设具有国际影响的中国特色、中国气派、中国风格区域公用品牌提供强有力的法律保障。

我国制定《地理标志法》必须做好顶层设计：第一，立法遵循国际协议，借鉴各国经验，凸显中国特色，“以 TRIPS 协定关于地理标志保护的

---

① 参见吴彬、刘珊：《法国地理标志法律保护制度及对中国的启示》，载《华中农业大学学报》2013 年第 6 期。

规则为核心，借鉴其他国际公约和有关国家保护地理标志的规定，根据中国国情，制定出具有中国特色的积极、开放、统一和有效的地理标志法律保护体系"①；第二，明确立法的目标定位，《地理标志法》的价值目标在于加强地理标志管理，保护地理标志权，法律定位为行政管理法与权利保障法相结合；第三，实现保护模式从"三元模式"到"三元合一"，即将现有三种地理标志保护模式整合为一种模式，通过商标法保护模式将"三元模式"进行整合后，以《地理标志法》统筹地理标志的管理和保护，将当前三种概念统一为"地理标志"，并统一使用"中华人民共和国地理标志"的专用标志，"三元合一"将地理标志作为一种独立知识产权客体对待，建立统一的保护模式从根本上解决"三元模式"下地理标志多种类型、多头申报、多头管理等体制性问题；第四，统一地理标志管理机构和认定标准，通过商标法保护模式改变当前国家知识产权局和农业农村部两个机构负责地理标志工作的局面后，时机成熟时，设立地理标志主管机构统一管理地理标志工作；第五，以《民法典》为依据，在《地理标志法》正式确立地理标志权，并构建保护地理标志权民事、行政和刑事责任体系。

二、《地理标志法》的体例结构与基本框架

《地理标志法》的体例结构应当包括总则、分则和附则三个部分，基本框架主要为：

第一部分，总则。本部分包括立法宗旨、地理标志的含义和产品形式、本法的适用范围、地理标志的主管机关、地理标志申请与使用的基本原则、地理标志名称构成方式、申请地理标志应当具备条件、不给予地理标志保护的情形、申请地理标志的方式、地理标志专用标志、地理标志的保护期限、地理标志的国际保护等。

---

① 参见王莲峰：《制定我国地理标志保护法的构想》，载《法学》2005 年第 5 期。

第二部分，地理标志的申请、审查和认定。本部分包括地理标志的申请主体、申请材料、外国申请人申请材料、地理标志保护要求、地理标志产地区域范围建议主体、地理标志申请的审查程序和审查时限、受理公告、异议受理与决定、技术审查、认定公告、驳回申请、驳回复审申请及审理、驳回复审行政诉讼。

第三部分，地理标志的撤销、变更。本部分包括对违反禁止性规范获得地理标志认定的撤销、撤销的审查及撤销公告、不服撤销决定的行政诉讼等，变更地理标志注册人名义、地址或者其他事项等。

第四部分，地理标志的监督管理、运用和使用。本部分包括地理标志监督管理机关及监督管理内容、地方知识产权管理部门促进地理标志运用、地理标志使用的方式等。

第五部分，地理标志权的保护。本部分包括地理标志权的内容和范围、地理标志权侵权行为类型、地理标志权例外与限制、侵犯地理标志权应当承担的民事法律责任、行政法律责任和刑事法律责任等。

第六部分，附则。本部分包括地理标志与集体商标、证明商标的衔接，本法的生效时间等。

三、《地理标志法》与相关法律的衔接

《地理标志法》作为我国首部针对地理标志这一独特知识产权类型的专门立法，在制定过程中以及出台后实施均需要考虑其与相关法律的衔接问题，既要做到立法之间的体系性协调，同时要废止《商标法》中有关地理标志的规定与《地理标志条例》等部门规章达到立法统一，实现对地理标志权的有效管理、运用与保护。

第一，《地理标志法》与《民法典》的衔接。首先，《民法典》第 123 条知识产权条款是《地理标志法》的上位法依据，必须在《地理标志法》第 1 条法律依据中阐明“依据《民法典》，制定本法”；其次，《民法典》

作为民事领域基本法，无论是总则还是合同编、侵权责任编的具体规则均为地理标志的管理、运用和保护提供体系化法律架构；最后，地理标志权的侵权责任，除适用传统民事责任方式承担外，可参照知识产权领域普遍建立的惩罚性赔偿机制，依据《民法典》第179条第2款规定惩罚性赔偿，并参照《商标法》《专利法》《著作权法》将最高法定赔偿额定为500万元。

第二，《地理标志法》与《刑法》的衔接。《刑法（修正案十一）》自2021年3月1日起实施后，侵犯知识产权犯罪增加至八种，涵盖对注册商标、作品、专利和商业秘密四种知识产权的保护，当前地理标志的刑法保护仅针对通过商标法体系注册地理标志证明商标或集体商标的类型，可适用《刑法》假冒注册商标罪、销售假冒注册商标的商品罪和非法制造、销售非法制造的注册商标标识罪三个罪名。《地理标志法》出台后，力争在未来《刑法》修订时，在分则第三章第七节增加一条规定"侵犯地理标志权罪"，将假冒地理标志、销售假冒地理标志产品、非法制造、销售非法制造的地理标志专用标志情节严重的行为纳入刑法规范，同时做好本罪与商标类犯罪的竞合协调。

第三，《地理标志法》与《商标法》的衔接。当前我国拥有注册地理标志商标7173件，经过商标法保护模式保护整合后，地理标志的开发与保护将会更上一个台阶，未来地理标志数量必定呈现递增状态。《地理标志法》通过以后，这些数量巨大的地理标志商标需统一从商标框架中独立出来，并入地理标志保护模式下进行专门保护，同时获得地理标志专用标志的使用权。

第二节　建立专门地理标志管理体系

一、设立“国家知识产权局地理标志局”

将地理标志进行专门立法的同时在国家知识产权局下设立地理标志局，农业农村部停止农产品地理标志登记工作后，仅由国家知识产权局全面负责地理标志管理工作，需要进一步明确其职责。

2019 年 3 月 26 日《国家知识产权局关于印发〈商标局职能配置、内设机构和人员编制规定〉的通知》（国知发人字〔2019〕19 号）规定，国家知识产权局商标局主要职责为：承担商标审查注册、行政裁决等具体工作；参与商标法及其实施条例、规章、规范性文件的研究制定；参与规范商标注册行为；参与商标领域政策研究；参与商标信息化建设、商标信息研究分析和传播利用工作；承担对商标审查协作单位的业务指导工作；组织商标审查队伍的教育和培训；完成国家知识产权局交办的其他事项。参照国家知识产权局商标局的主要职责，地理标志局的主要职责应当包括：承担地理标志审查注册、行政裁决等具体工作；参与地理标志相关立法、规章、规范性文件的研究制定；参与规范地理标志专用标志使用行为；参与地理标志产品相关质量标准、技术规范建设；参与地理标志典型案例遴选；参与国家地理标志产品保护示范区、地理标志运用促进工程项目遴选；参与地理标志领域政策研究；参与地理标志信息化建设、地理标志信息研究分析和传播利用工作；组织地理标志审查队伍的教育和培训；完成国家知识产权局交办的其他事项。

地理标志局的核心职责主要有以下五个方面：

第一，地理标志认定工作：拟定地理标志统一认定制度并组织实施，结合地理标志与商标不同的特性，明确地理标志的认定要素，制定地理标志认定产品分类标准，优化地理标志注册程序，制定地理标志审查审理指南，同时针对地理标志注册中的异议复审、驳回复审等作出准予注册或不予注册的行政裁决，依据法定事由作出无效宣告的行政裁决。

第二，地理标志立法工作：参与地理标志相关立法的起草工作，以及制定《地理标志侵权判断标准》《地理标志代理监督管理规定》等相关规章和规范性文件。

第三，地理标志专用标志管理工作：根据《地理标志专用标志使用管理办法（试行）》，参与组织实施地理标志专用标志使用监督管理，指导地理标志专用标志合法使用人正确使用专用标志，对未经公告擅自使用或伪造地理标志专用标志等行为配合执法部门调查处理。

第四，地理标志产品质量标准建设工作：特定质量是地理标志认定中的必要条件，认定成功后，只有达到特定质量的产品才能使用地理标志。因此加强地理标志质量标准建设工作是一项长期、可持续的工作，指导地理标志管理人制定质量标准和相关技术规范，监督地理标志合法使用人在达标的产品上使用地理标志。

第五，地理标志运用与保护先进典型工作：选树地理标志运用与保护先进典型，推进国家地理标志产品保护示范区、地理标志运用促进工程项目遴选与建设，遴选地理标志运用与保护典型案例，提升地理标志价值内涵，推动地理标志与特色产业发展、生态文明建设、历史文化传承有机融合，为推进供给侧结构性改革，培育经济发展新动能，推动形成知识产权强国建设新格局。

二、建立与其他涉地理标志管理部门协作机制

将国家知识产权局地理标志局作为地理标志专门管理机构，但地理标志的保护与运用，仍然涉及多家单位的共同协作，有赖于进一步理顺各家单位的关系，加强协作，形成地理标志保护运用的合力。

第一，与国家知识产权局内设机构协作。国家知识产权局条法司具有拟定地理标志审查政策和授权判断标准，组织实施申请、受理、授权等工作的职责，因此涉及地理标志认定相关工作，地理标志局需与条法司协作；战略规划司具有拟订地理标志审查、注册、登记计划等职责，涉及《地理标志保护和运用“十四五”规划》及后续相关规划和计划，地理标志局需与战略规划司协作；知识产权运用促进司具有拟定和实施强化知识产权创造运用的管理政策和制度等职责，因此遴选国家地理标志产品保护示范区、地理标志运用促进工程项目，推动地理标志质押融资，发展和监管地理标志中介服务机构等工作需要由地理标志局与知识产权运用促进司协作；公共服务司具有组织实施全国知识产权信息公共服务体系和信息化建设等职责，建立地理标志统一信息平台、促进地理标志信息的传播利用，研究分析和发布地理标志申请、注册等信息工作，需要地理标志局与公共服务司协作；国际合作司（港澳台办公室）负责统筹协调涉外知识产权事宜，涉及拟定地理标志相关国际条约、地理标志国际互认互保等工作，地理标志局应与国际合作司协作。

第二，与国家市场监督管理总局内设机构协作。由于地理标志不仅仅是一种商业标记，还承载着特定质量、信誉等功能，如何维护地理标志的独特性，则需要地理标志局加强与国家市场监督管理总局产品质量监督管理部门、标准技术管理部门的协作。国家市场监督管理总局产品质量安全监督管理司负有指导和协调产品质量的行业、地方和专业性监督等职责，可以充分发挥行业和专业性监督的作用，加强对地理标志产品特定质量的监督；标准技术管理司承担强制性国家标准、推荐性国家标准（含标准样品）和国际对标采标相关工作，标准创新管理司承担行业标准、地方标准、团体标准、企业标准和组织参与制定国际标准相关工作，涉及指导制定地理标志产品相关标准，地理标志局需与标准技术管理司、标准创新管理司协作。

第三，与农业农村部协作。农产品是地理标志产品的主要表现形式，地理标志是农产品区域公用品牌建设的主要抓手，因此，即使农业农村部不再负责农产品地理标志登记工作，地理标志事业的发展也离不开与农业农村部紧密协作。《地理标志保护和运用“十四五”规划》提出“推动原产地政府加强应用标准、检验检测、认证等质量基础设施建设，构建政府监管、行业管理、生产者自律的质量保证体系。鼓励综合运用大数据、区块链、电子围栏等技术，建立来源可查、去向可追、责任可究的地理标志来源追溯机制”。农业农村部市场与信息化司承担农业品牌建设有关工作，农产品质量安全监管司指导农产品质量安全监管体系、检验检测体系和信用体系建设，承担农产品质量安全标准、监测、追溯、风险评估等相关工作，均与地理标志产品紧密相关，且应当发挥农业农村部相关机构在农产品质量管理的专业所长，加强对地理标志农产品质量的监管。

第四，与检察机关协作。地理标志是一种凝聚特定地理区域范围内劳动人民智慧的财产，虽然是一种私权，但是权利主体具有集体性，因此，地理标志的保护更应当发挥国家机关的优势，特别是检察机关公益诉讼的制度优势。在地理标志统一立法中，可参考环境保护公益诉讼制度建立地理标志公益诉讼制度，充分发挥检察机关参与社会治理的作用，服务社会经济发展大局。

第五，与审判机关协作。审判机关通过司法手段为地理标志提供最终保障力量，必须强化地理标志的民事责任、行政责任和刑事责任，解决地理标志保护体系及滥用规制、地理标志侵权认定及举证责任、地理标志侵权抗辩事由等司法实务中的疑难问题，统一司法裁判标准，实现既有效保护地理标志，同时又防止权利滥用的效果。

附　　录

附录Ⅰ　《地理标志条例（立法建议稿）》及起草说明

1.《地理标志条例（立法建议稿）》

地理标志条例（立法建议稿）

第一章　总　　则

第一条　【立法目的】

为规范地理标志管理，加强地理标志保护，保证地理标志产品的特定质量和信誉，保护消费者的合法权益，根据《中华人民共和国民法典》《中华人民共和国商标法》《中华人民共和国产品质量法》《中华人民共和国标准化法》和《中华人民共和国反不正当竞争法》等有关法律、行政法规，制定本条例。

第二条　【主管部门】

国务院知识产权行政部门商标局负责全国地理标志以及地理标志专用标志的管理和保护工作；统一受理和审查地理标志申请，依法认定地理标志。

地方知识产权管理部门负责本行政区域内地理标志以及专用标志的管

理和保护工作。

县级以上市场监督管理部门负责本行政区域内的地理标志以及专用标志的行政执法工作。

第三条 【定义】

经国务院知识产权行政部门核准注册的地理标志为注册商标，包括地理标志集体商标、证明商标；地理标志注册人享有商标专用权，受法律保护。

本条例所称地理标志，是指标示某产品来源于某地区，该产品的特定质量、信誉或者其他特征，主要由该地区的自然因素或者人文因素所决定的标志。

本条例所称地理标志产品，是指产自特定地域，所具有的质量、信誉或其他特性本质上取决于该产地的自然因素或者人文因素，经审核注册以地理标志的产品。地理标志产品包括：

（一）来自本地区的种植、养殖产品；

（二）原材料全部来自本地区或部分来自其他地区，并在本地区按照特定工艺生产和加工的产品。

本条例所称地理标志专用标志，是指适用在按照相关标准、管理规范或者使用管理规则组织生产的地理标志产品上的官方标志。

第四条 【基本原则】

地理标志的申请和使用应当遵循诚实信用原则。

第五条 【资源普查】

各级人民政府应当开展地理标志资源普查工作，建立地理标志资源库。鼓励符合条件的申请人对地域特色鲜明、辐射能力强、发展前景好、经济效益高、具有一定影响力的产品申请地理标志保护。

第六条 【原有三类地理标志转化】

本条例实施前已获得地理标志产品保护、农产品地理标志登记的，向商标局提出申请，经核准，转化为地理标志集体商标或者地理标志证明商标。

本条例实施前同一地理区域同一产品，已注册为地理标志集体商标或者地理标志证明商标，同时获得地理标志产品保护或者农产品地理标志登记的，保留已注册地理标志集体商标或者地理标志证明商标予以保护。

第二章 地理标志注册申请

第七条 【地理标志名称】

地理标志名称由地理区域名称和产品通用名称构成。

外国地理标志名称包括中文名称和原文名称。原文名称应当为在所属国或者地区获得地理标志保护的名称。

第八条 【申请主体】

县级以上人民政府指定的产地范围内的地理标志保护申请机构或者认定的协会（以下简称申请人）可以向国务院知识产权行政部门提出地理标志申请。

在所属国或者地区获得地理标志保护的外国申请人可以向国务院知识产权行政部门提出地理标志申请。

第九条 【申请条件】

申请地理标志注册的，应当符合以下条件：

（一）规范的地理标志名称；

（二）明确的产地范围；

（三）质量要求，包括生产加工工艺和感官、理化指标等质量特色；

（四）关联性，产品质量特色与产地独特自然因素或者人文因素的关联性。

第十条 【申请材料】

申请地理标志注册，应当提交以下材料：

（一）商标注册申请书；

（二）申请人主体资格证书复印件；

（三）地理标志所标示地区县级以上人民政府或者行业主管部门授权申请人申请注册并监督管理该地理标志的文件；

（四）有关该地理标志产品客观存在及信誉情况的证明材料；

（五）地理标志所标示的地域范围划分的相关文件、材料；

（六）地理标志集体商标、证明商标使用管理规则；

（七）地理标志商品的特定质量、信誉或者其他特征与当地自然因素、人文因素关系的说明；

（八）地理标志申请人具备监督检测该地理标志能力的证明材料；

（九）地理标志产品的技术规范和技术标准。

第十一条 【外国地理标志申请】

外国地理标志在中国申请注册，还应当以中文书面形式提交以下材料：

（一）在所属国或地区获得地理标志保护的官方证明文件原件及经过公证的中文译本；

（二）所属国或地区地理标志主管机构出具的推荐文件，推荐该商品在中国注册保护的官方文件原件及其经过公证的中文译本；

（三）所属国或地区地理标志主管机构出具的产地范围及其经过公证的中文译本；

（四）原产国或地方出具的检测报告，证明申请商品感官特色、理化指标的检测报告及其经过公证的中文译本；

（五）其他辅助证明材料等。

第三章 地理标志审查和注册

第十二条 【初步审查】

对申请注册的地理标志，国务院知识产权行政部门应当根据商标法规定的商标审查程序进行审查，符合规定的，予以初步审定公告。

第十二条 【技术审查】

对初步公告审定的地理标志申请，异议期满无异议或者异议不成立的，国务院知识产权行政部门进行技术审查。技术审查包括会议审查和必要的产地核查，申请人应当予以配合。

在审查过程中，国务院知识产权行政部门认为地理标志申请内容需要说明或者修正的，可以要求申请人做出说明或者修正。

第十三条 【注册公告】

审查合格的，国务院知识产权行政部门发布地理标志注册公告；审查不合格的，驳回该地理标志申请，并书面通知申请人。

第四章 地理标志使用和管理

第十四条 【地理标志使用】

本条例所称地理标志使用，是指将地理标志集体商标、证明商标用于产品、产品包装或者容器以及产品交易文书上，或者将产品名称或者专用标志用于广告宣传、展览以及其他商业活动中，用于识别产品产地来源的行为。

第十五条 【地理标志专用标志】

国务院知识产权行政部门负责统一制定发布地理标志专用标志使用管理要求，组织实施地理标志专用标志使用监督管理。地方知识产权管理部门负责地理标志专用标志使用的日常监管。

生产者和经营者应当按照有关规定使用地理标志专用标志。

第十六条 【质量技术监管】

产地范围所在的地方人民政府应当建立并实施受保护地理标志的产品标准体系、检测体系和质量保证体系。

第十七条 【注册人管理职责】

地理标志获得注册后，注册人应当采取措施对地理标志集体商标、证明商标和地理标志专用标志的使用、产品质量特色等进行管理。

注册人应当配合制订相应的地理标志产品的国家标准、地方标准、团体标准或者管理规范，研制国家标准样品。

第五章 地理标志发展促进

第十八条 【地理标志公共服务】

国务院知识产权行政部门应当根据地理标志产业特点和实际需求，将地理标志运用促进相关信息归集、共享和查询检索等信息公共服务纳入知识产权信息公共服务平台建设。

第十九条 【产业促进】

县级以上人民政府和有关行政管理部门应当积极促进地理标志的注册、保护和运用，制定政策措施鼓励和支持地理标志特色产业发展，建设地理标志展示推广中心，以地理标志促进乡村振兴，服务地方经济发展。

第二十条 【保护示范区建设】

县级以上人民政府积极加强国家级和省级地理标志产品保护示范区申报和建设。

第二十一条 【运用促进工程】

地方知识产权管理部门积极推动申报地理标志运用促进工程项目，通过提升地理标志品牌价值内涵、深化地理标志产业融合发展、健全地理标志运用工作体系、增强地理标志运用促进能力等措施，推进地理标志产业发展。

第二十二条 【地理标志服务】

鼓励和支持地理标志行业组织建设、专业服务机构建设，充分发挥行业组织和专业服务机构作用，为生产者、经营者提供地理标志运用和保护服务。

第二十三条　【地理标志宣传】

县级以上人民政府和有关行政管理部门应当加强地理标志保护和运用的宣传引导，增强社会对地理标志的认知，激发市场主体运用地理标志参与市场竞争的积极性和主动性。

第六章　地理标志国际合作

第二十四条　【对等保护】

国外地理标志的保护，应当依据其所属国或者所属地区和中华人民共和国签订的协议或者共同参加的国际条约，根据对等原则予以保护。

第二十五条　【国际互认互保】

国务院知识产权行政部门积极推动建立地理标志国际互认互保机制。

县级以上人民政府推动经注册的地理标志纳入国际地理标志互认互保。

支持已纳入国际地理标志互认互保清单的地理标志的生产者、经营者开展对外合作与交流，积极开拓海外市场。

第七章　法律责任

第二十六条　【衔接条款】

对违反本条例规定，侵犯地理标志的行为，法律、法规已有法律责任规定的，从其规定。构成犯罪的，依法追究刑事责任。

第二十七条　【地理标志专用标志】

伪造、擅自制造地理标志专用标志的，或者销售伪造、擅自制造的地理标志专用标志的，由负责地理标志执法的部门责令改正，没收主要用于制造、伪造地理标志专用标志的工具，违法经营额五万元以上的，可以处违法经营额五倍以下的罚款，没有违法经营额或者违法经营额不足五万元的，可以处二十五万元以下的罚款。

第二十八条 【质量管理责任】

注册人违反本条例第十七条第一款的规定，致使地理标志产品达不到其质量要求、或者造成不良社会影响的，由负责地理标志执法的部门责令限期改正；拒不改正的，有违法所得的，可以处违法所得三倍最高不得超过三万元的罚款，没有违法所得的，可以处一万元以下的罚款。

第二十九条 【工作人员责任】

从事地理标志工作的人员应当忠于职守，秉公办事，不得滥用职权、以权谋私，不得泄露工作秘密。违反以上规定的，依法给予处分；构成犯罪的依法追究刑事责任。

第八章 附 则

第三十条 【实施日期】

本条例自 年 月 日起施行。

2.《地理标志条例（立法建议稿）》起草说明

地理标志专门立法是加强我国知识产权顶层设计，完善知识产权工作机制，适应经济发展对知识产权保护的要求，提升治理能力和治理水平的一项重要工作。为了在过渡期间有效规范地理标志管理，加强地理标志保护，保证地理标志产品的特定质量和信誉，保护消费者的合法权益，以《中华人民共和国民法典》（以下简称《民法典》）等法律、法规为参考，结合我国实际，经过深入调查研究，形成了《地理标志条例（立法建议稿）》。现将有关情况说明如下：

一、制定本条例的必要性

（一）制定《地理标志条例》是实现地理标志统一立法“两步走”的关键步骤

作为地理标志统一立法“两步走”策略过渡期的配套条例，《地理标志条例》在地理标志统一立法进程中承担着承上启下的重要角色。过渡时期的“两步走”策略具体表现为：第一步，以《民法典》等上位法为依托，参考借鉴域外有益经验，在国务院层面制定《地理标志条例》，提出统一立法的体例结构与基本框架、完善与相关法律衔接的问题的建议，建立过渡期间配套条例作为制定《地理标志法》的支撑点；第二步，待条件成熟后，提升立法层次，制定《地理标志法》，以适应完善知识产权保护顶层设计的客观要求。

《地理标志条例》旨在在过渡阶段通过调和各方利益以实现保护公共利益的目标。作为知识产权客体，地理标志统一保护体系的建立需按照公平诚信等原则进行构建，在其制定过程中，需兼顾地理标志商标、地理标志产品、农产品地理标志三类地理标志的利益，同时还需兼顾地理标志申请主体、使用主体、经营主体等多方主体的利益，通过综合考虑各方利益，在《商标法》框架下制定该条例，统一整合在三类地理标志的进程中提升地理标志的保护水平，以达到在过渡阶段亦能为地理标志发展提供有效保护措施的目标。

（二）制定本条例是为地理标志专门立法积累经验的重要环节

为了在过渡期间有效规范地理标志管理，加强地理标志保护，保证地理标志产品的特定质量和信誉，保护消费者的合法权益，由国务院出台《地理标志条例》。作为行政法规，《地理标志条例》的规定相对完备并具有一定独立性，对统一立法后的地理标志的注册申请、审查注册、使用管理、发展促进和国际合作等作了明确规定，弥补了当前地理标志保护体系下的缺陷；且条例较之法律具有一定灵活性，在地理标志保护进程中，可以适当对条例进行调整以适应新形势，通过不断丰富和完善《地理标志条例》，为地理标志专门立法的远期目标积累丰富的经验。

（三）制定本条例是促进区域品牌建设和乡村振兴的重要举措

《乡村振兴战略规划（2018—2022 年）》指出：“加快形成以区域公

用品牌、企业品牌、大宗农产品品牌、特色农产品品牌为核心的农业品牌格局”以及“加强农产品商标及地理标志商标的注册和保护，构建我国农产品品牌保护体系”。2021 年 5 月国家知识产权局、国家市场监督管理总局联合印发的《关于进一步加强地理标志保护的指导意见》中明确指出，“地理标志是重要的知识产权类型，是促进区域特色经济发展的有效载体，是推进乡村振兴的有力支撑”。

作为中国参与全球知识产权博弈的重要手段、促进区域特色经济发展的有效载体、推动乡村振兴的有力支撑，地理标志是推动外贸外交的重要领域，是保护和传承传统优秀文化的鲜活载体，也是企业参与市场竞争的重要资源。地理标志作为区域文化和形象的代表符号和传承载体，具有深厚的人文历史底蕴，有利于推进当地自然资源的科学经营，有利于充分发挥农业产业供给、生态屏障、文化传承等功能，不断优化农村生产生活生态空间，激发乡村发展活力。

通过制定本条例，将推动社会各界重视地理标志认定，规范地理标志使用，加强对地理标志的保护，促进地理标志运用，强化地理标志对外合作与交流，有利于特色产业提质增效，助推经济高质量发展，有助于我国培育更多新资源获得地理标志保护，充分发挥知识产权制度优势，推动特色农业产业提质增效，促进以地理标志为载体的本地特色文化传承和传播，强有力助力区域经济发展和乡村振兴战略实施。

二、立法起草过程和立法思路

（一）起草过程

课题组于 2021 年 6 月启动《地理标志条例（立法建议稿）》起草工作，开展基础研究、征求意见、研讨论证等工作，修改完善形成了《地理标志条例（立法建议稿）》。一是建立工作机制。《地理标志条例（立法建议稿）》起草工作由高校地理标志领域知名专家负责，组成工作专班，建立台账，开展《地理标志条例（立法建议稿）》起草工作。二是开展基础研究与调研工作。系统、全面搜集国内外、各省市地理标志方面的立法资料和近年来有关地理标志保护和运用的政策文件，深入研究分析我国现行的地理标志法律法规和政策，通过田野调查等方式对云南、广西、贵州等地地理标志保护进行实地调研，考察影响地理标志保护的相关因素及其影响方式，为制定《地理标志条例（立法建议稿）》奠定理论基础与提供参考依据。三是组建专家团队。为提高立法水平，充分借助多所高校地理标志领域知名专家的力量，多次召开专题会议，为《地理标志条例（立法建议稿）》的制定提供建议意见。四是深入开展研讨。多次召开专题研究会议，对《地理标志条例（立法建议稿）》内容进行逐条讨论修改，完成《地理标志条例（立法建议稿）》的起草。

（二）立法思路

《地理标志条例》作为商标法保护模式下地理标志统一立法“两步走”策略的第一步，在商标法律体系框架内制定地理标志的申请、审查、认定等程序性规则和权利保护规则，同时在原有“地理标志产品保护”相关规则基础上增加地理标志产品的技术规范和技术标准、技术审查、质量技术监管、质量管理责任等规定，立法侧重统一地理标志的名称、地理标志的认定规则及地理标志的管理体系，关注地理标志的运用和保护。

起草工作坚持立足于我国知识产权强国建设背景与借鉴国际上先进地理标志立法经验相结合，坚持问题导向与立法前瞻性相结合，综合考虑现行法律、法规和政策性文件的规定，处理好与相关法律的关系为主要思路，主要表现为以下几点：

一是坚持立足于我国知识产权强国建设背景与借鉴国际上先进地理标志立法经验相结合。从我国实际出发，深入总结国内地理标志相关法律、法规的实施经验与教训，制定本条例。作为 TRIPS 协定所确定的七大类知识产权客体之一，地理标志被纳入国际法律保护已达百年之久，有多个国家和地区制定了地理标志保护方面的法律。本条例充分借鉴有关国际组织和国家、地区的有益做法，建立健全适应我国地理标志保护和区域经济发展需要的规章制度。

二是坚持问题导向和立法前瞻性相结合。对我国现有的地理标志保护模式进行检视与反思，立足于地理标志保护领域存在的管理混乱、主客体差异、与商标权利冲突、保护力度不一等问题和人民群众的重大关切，建立完善可行的制度规范。同时，对一些尚存争议的理论问题，在本条例中留下必要空间，对新技术新应用带来的新问题，在充分研究论证的基础上作出必要规定，体现法律的包容性、前瞻性。

三是处理好与相关法律的衔接。《地理标志条例》作为地理标志统一立法“两步走”策略过渡期的配套条例，不仅需要完善地理标志的认定制度，还需考虑与其他相关法律的协调问题，既要在《商标法》框架下构建统一的认定制度，又要与《民法典》《刑法》等法律形成合力，实现地理标志的全方位保护。

第一，废止《农产品地理标志管理办法》与《地理标志产品保护规定》《地理标志产品保护办法》。自《地理标志条例》生效之日起，为实现地理标志的立法统一，原有的《农产品地理标志管理办法》与《地理标志产品保护规定》《地理标志产品保护办法》同步废止，地理标志的申请、审查、认定、管理统一至商标法保护模式。

第二，《地理标志条例》与《民法典》《刑法》的衔接。对违反《地理标志条例》规定，侵犯地理标志权的行为，条例规定了行政处罚方式，此外，在适用传统民事责任承担方式之外，还可依照《商标法》获得最高法定赔偿额为500万元的惩罚性赔偿。侵犯地理标志行为构成犯罪的，依据《刑法》相关规定追究刑事责任。

第三，与其他部门性文件的衔接。地理标志统一纳入商标法保护模式保护后，原有部门规范性文件《国家地理标志产品保护示范区建设管理办法（试行）》《地理标志运用促进工程实施方案》继续有效。以两部文件为抓手，在商标法保护模式下继续推行地理标志产品保护示范区建设与地理标志运用促进工程，是坚持贯彻党中央、国务院决策部署的重要举措。继续实施地理标志运用促进工程是当前知识产权强国建设的一项重要任务，是提高知识产权运用综合效能，推动地方特色经济高质量发展的一项重要工作，是实施乡村振兴战略、助力打赢扶贫攻坚战的一项重要举措；通过继续推进地理标志产品示范区的建设，树立“叫得响”的国家地理标志保护示范精品，提供可复制、可推广的保护经验，发挥示范区引领带动作用，提高地理标志产品知名度和市场影响力，形成具有较大产业规模、较显著社会经济效益、较高保护水平的示范区域。与商标法保护模式形成地理标志保护与建设合力，在推进地理标志保护的同步推进建立地理标志产品保护示范区与地理标志运用促进工程，共同打造地理标志一体化、全流程建设体系。

三、关于立法建议稿的主要内容

《地理标志条例（立法建议稿）》共八章三十条，包括总则、地理标志注册申请、地理标志审查和注册、地理标志使用和管理、地理标志发展促进、地理标志国际合作、法律责任、附则。

（一）总则

第一章共六条，主要内容包括立法目的、地理标志的主管部门、地理标志的定义及产品范围、地理标志申请和使用的基本原则、资源普查工作、原有三类地理标志转化。

1. 明确主管部门职责

全国地理标志以及地理标志专用标志的管理和保护工作由国务院知识产权行政部门商标局负责。地理标志以及专用标志的管理和保护工作由地方知识产权管理部门负责。县级以上行政区域内的地理标志以及专用标志的行政执法工作由本行政区域市场监督管理部门负责。（第二条）

2. 对本条例相关用语作出界定

地理标志是指标示某产品来源于某地区，该产品的特定质量、信誉或者其他特征，主要由该地区的自然因素或者人文因素所决定的标志。地理标志产品是指产自特定地域，所具有的质量、信誉或其他特性本质上取决于该产地的自然因素或者人文因素，经审核注册以地理标志的产品。地理标志专用标志是指适用在按照相关标准、管理规范或者使用管理规则组织生产的地理标志产品上的官方标志。(第三条)

3. 开展地理标志资源普查工作

为加大地理标志保护力度，各级人民政府应当建立地理标志资源库，鼓励符合条件的申请人积极申请地理标志保护。(第五条)

4. 转化原有三类地理标志

对于已获得地理标志产品保护、农产品地理标志登记的，经申请核准可转化为地理标志集体商标或者地理标志证明商标。对于同一地理区域同一产品，已注册为地理标志集体商标或者地理标志证明商标，同时获得地理标志产品保护或者农产品地理标志登记的，可保留原注册予以保护。(第六条)

(二) 地理标志注册申请

第二章共五条，主要内容有地理标志名称、申请主体、申请条件、申请材料、外国地理标志申请。

1. 明确地理标志名称

地理区域名称和产品通用名称构成地理标志名称。外国地理标志名称包括中文名称和原文名称，原文名称应为所属国或地区获得地理标志保护的名称。(第七条)

2. 明确地理标志申请主体

地理标志的申请应当遵循诚实信用原则。经县级以上人民政府指定的产地范围内的地理标志保护申请机构或者认定的协会向国务院知识产权行政部门提出地理标志申请。外国申请人获得所属国或者地区地理标志保护的向国务院知识产权行政部门提出地理标志申请。(第四条、第八条)

3. 明确申请的条件及提交的申请材料

申请地理标志注册须符合相关条件，并提供相应证明材料，统一地理标志的申请条件及申请材料，避免出现主客体差异的情况。外国地理标志在中国申请注册，应当以书面形式提交相关材料。（第九条、第十条、第十一条）

（三）地理标志审查和注册

第三章共三条，主要内容有初步审查、技术审查、注册公告。

1. 明确地理标志的审查流程

国务院知识产权行政部门对申请注册的地理标志进行初步审查和技术审查，认为地理标志申请内容需要说明或者修正的，可以要求申请人作出说明或者修正。（第十二条）

2. 明确地理标志的审查结果公示

国务院知识产权行政部门对审查合格的地理标志申请发布注册公告，对审查不合格的予以驳回并书面通知申请人。（第十三条）

（四）地理标志使用和管理

第四章共四条，主要内容包括地理标志的使用、地理标志专用标志、质量技术监管、注册人管理职责。

1. 明确地理标志的使用范围

地理标志的使用应当遵循诚实信用原则。地理标志集体商标、证明商标用于产品本身、产品包装及交易文书，产品名称或者专用标志用于商业活动，以识别产品产地来源。（第四条、第十四条）

2. 明确地理标志的管理

国务院知识产权行政部门负责地理标志专用标志使用管理要求的制定与发布，地方知识产权管理部门负责使用的日常监管。产地范围所在的地方人民政府建立并实施受保护地理标志的产品标准体系、检测体系和质量保证体系。注册人对地理标志集体商标、证明商标和地理标志专用标志的

使用、产品质量特色等进行管理并研制国家标准样品。（第十五条、第十六条、第十七条）

（五）地理标志发展促进

第五章共六条，主要内容包括地理标志的公共服务平台建设、地理标志的产业促进措施、国家级和省级地理标志产品保护示范区申报和建设、地理标志运用促进工程、地理标志服务、宣传。

1. 促进地理标志特色产业发展

为鼓励地理标志特色产业发展，县级以上人民政府和有关行政管理部门建设地理标志展示推广中心，加强国家级和省级地理标志产品保护示范区申报和建设、申报地理标志运用促进工程项目，开展地理标志保护和运用的宣传引导，激发市场主体运用地理标志参与市场竞争的积极性和主动性。（第十九条、第二十条、第二十一条、第二十三条）

2. 提供地理标志公共服务

国务院知识产权行政部门应当将地理标志相关信息纳入知识产权信息公共服务平台建设，并鼓励和支持地理标志行业组织建设、专业服务机构建设。（第十八条、第二十二条）

（六）地理标志国际合作

第六章共两条，主要内容包括地理标志国际合作中的对等保护原则、国际互认互保。

1. 强调对等原则的重要地位

对于国外地理标志的保护，应当依据签订的协议或国际条约并根据对等原则进行保护。（第二十四条）

2. 推动建立地理标志国际互认互保机制

强调国务院知识产权行政部门建立地理标志国际互认互保机制。县级以上人民政府推动已注册地理标志纳入国际地理标志互认互保。支持国际地理标志互认互保清单内的生产者、经营者开展对外合作与交流。（第二

十五条）

（七）法律责任

第七章共四条，主要内容包括侵犯地理标志行为的衔接条款、地理标志专用标志的法律责任、质量管理责任、工作人员责任。

1. 明确侵犯地理标志专用标志的法律责任

任何侵犯地理标志权的行为应当根据情况，由负责地理标志执法的部门予以责令改正、没收工具、罚款等处罚。（第二十七条）

2. 明确权利人质量管理责任

地理标志获得注册后，注册人应当采取措施对地理标志集体商标、证明商标和地理标志专用标志的使用、产品质量特色等进行管理。地理标志权利人未尽到管理责任，致使地理标志产品达不到质量要求或造成不良社会影响的，承担质量管理责任。（第二十八条）

3. 明确工作人员责任

从事地理标志工作的人员违反相关规定的，应当根据情况依法给予处分，构成犯罪应当追究刑事责任。（第二十九条）

（八）附则

第八章共一条，主要内容包括地理标志条例的生效时间。（第三十条）

附录 II 《中华人民共和国地理标志法（立法建议稿）》及起草说明

1.《中华人民共和国地理标志法（立法建议稿）》

中华人民共和国地理标志法

（立法建议稿）

第一章 总 则

第一条 【立法目的与背景】

为了强化地理标志保护，有效加强地理标志管理，保障消费者的利益，促进社会主义市场经济的发展，根据《中华人民共和国民法典》等有关规定，制定本法。

第二条 【适用范围】

本规定适用于地理标志的申请、审查认定、使用与管理、保护等。

第三条 【定义】

本条例所称地理标志是指标示某产品来源于某地区，该产品的特定质量、声誉或者其他特征，主要由该地区的自然因素或者人文因素所决定的标志。

第四条 【党的领导】

地理标志工作坚持中国共产党的领导。

国家推进知识产权强国建设，全面提升知识产权创造、运用、保护、管理和服务水平，充分发挥商标制度优化营商环境的重要作用，推动中国产品向中国品牌转变。

第五条 【政府职责】

县级以上人民政府统一领导本行政区域内的地理标志的保护和管理工作，协调和督促有关部门履行相关职责。

第六条 【管理主体】

国家知识产权局地理标志局负责全国地理标志的认定、管理工作，统一受理和审查地理标志申请，依法认定地理标志。国家知识产权局地理标志局负责全国地理标志的管理和监督。

地方知识产权管理部门负责本行政区域内地理标志的监督和服务工作。

第七条 【基本原则】

地理标志的申请和使用应当遵循诚实信用原则。

第八条 【地理标志要件】

地理标志应当具备真实性、地域性、特异性和关联性。

真实性是地理标志经过长期持续使用，被公众普遍知晓。地域性是地理标志产品的全部生产环节或者主要生产环节应当发生在限定的地域范围内。特异性是地理标志产品具有较明显的质量特色、特定声誉或者其他特性。关联性是地理标志产品的特异性由特定地域的自然因素和人文因素所决定。

第九条 【禁止性规定】

有下列情形之一的，不给予地理标志保护：

（一）产品或者产品名称违反法律、社会公德、侵害他人权益或者妨害公共利益的；

（二）产品名称仅为产品的通用名称的；

（三）产品名称为他人注册商标、未注册的驰名商标，误导公众的；

（四）产品名称与受保护地理标志的产品名称相同，导致公众对产品的地理来源产生误认的；

（五）产品名称与植物品种或者动物育种名称相同，导致公众对产品的地理来源产生误认的；

（六）产品违反安全、卫生、环保的要求，对人身健康、环境、生态、资源可能产生危害的；

（七）外国地理标志产品在所属国或者地区被撤销保护的；

（八）其他不予保护的情形。

第十条　【质量标准】

产地范围所在的地方人民政府，应当按照地理标志实际需要制定相应质量标准，并建立地理标志的标准体系、检测体系和质量保证体系。所申请的地理标志应当符合相应的质量标准。

第十一条　【国际合作】

国外地理标志的保护，应当依据其所属国或者所属地区和中华人民共和国签订的协议或者共同参加的国际条约，根据对等原则予以保护。

外国人、外国企业或者外国其他组织申请地理标志的，可以委托依法设立的知识产权代理机构或者依法设立的律师事务所办理。

自然人、法人和非法人组织不得擅自使用受保护的国外地理标志。

第十二条　【国际互认互保】

县级以上人民政府推动经审查认定核准使用的纳入国际地理标志互认互保。

支持已纳入国际地理标志互认互保清单的地理标志的生产经营者开展对外合作与交流，积极开拓海外市场。

省级以上知识产权局指导纳入国际地理标志互认互保清单中的地理标志在海外市场使用外方地理标志官方标志。

第二章　地理标志注册的申请

第十三条　【申请的要求】

为申请地理标志认定所申报的事项和所提供的材料应当真实、准确、完整。

第十四条 【申请条件】

申请地理标志认定的，应当符合以下条件：

（一）称谓由地理区域名称和产品通用名称构成；

（二）有独特的品质特性或者特定的生产方式；

（三）产品质量特色主要取决于独特的自然因素或人文历史因素；

（四）产品有限定的生产区域范围；

（五）产地环境、产品质量符合国家强制性技术规范要求；

（六）地理标志申请人具备监督检测该地理标志能力的证明材料。

第十五条 【产地范围】

申请地理标志的产品产地范围在县级行政区域内的，由县级人民政府提出产地范围建议；跨行政区域的，由共同的上一级人民政府提出产地范围建议；跨省级行政区域的，由国务院提出产地范围建议。

第十六条 【申请主体】

县级以上人民政府指定的产地范围内的地理标志保护申请机构或者认定的协会（以下简称申请人）可向地理标志局提出地理标志申请。

在所属国或者地区获得地理标志保护的外国申请人，经原产国或地区地理标志主管部门推荐，可以向地理标志局提出地理标志申请。

第十七条 【申请材料】

申请地理标志认定，应当提交以下材料：

（一）地理标志申请书；

（二）有关地方政府关于地理标志地域范围划分的文件、材料；

（三）地理标志所标示地区县级以上人民政府或者行业主管部门授权申请人申请认定并监督管理该地理标志的文件；

（四）有关地方政府成立保护申请机构或地理标志认定协会作为申请人的文件；

（五）地理标志的证明材料，包括：

1. 地理标志产品名称、类别产地范围及地理特征的说明；

2. 地理标志产品客观存在及声誉情况的证明材料并加盖出具证明材料部门的公章；

3. 地理标志产品的特定质量、声誉或者其他特征与产地自然因素、人文因素之间关联性的证明材料；

4. 地理标志产品的技术规范和技术标准。

第十八条 【外国地理标志申请】

外国地理标志在中国保护申请除以中文书面形式提交本法第十六条第（一）款、第（四）款材料外，还应当以书面形式提交以下材料：

（一）申请人名称和地址、联系电话，在中国联系人、地址及联系电话。

（二）在所属国或地区获得地理标志保护的官方证明文件原件及经过公证的中文译本。

（三）所属国或地区地理标志主管机构出具的推荐文件，推荐该产品在中国注册保护的官方文件原件及其经过公证的中文译本。

（四）所属国或地区地理标志主管机构出具的产地范围及其经过公证的中文译本。

（五）检测报告：原产国或地方出具的，证明申请产品感官特色、理化指标的检测报告及其经过公证的中文译本。

（六）其他辅助证明材料等。

第十九条 【申请日期】

地理标志局收到地理标志申请文件之日为申请日。如果申请文件是邮寄的，以寄出的邮戳日为申请日。

第二十条 【在先注册】

本法实施前已注册地理标志产品、农产品地理标志的，向地理标志局提出申请，经审核无误可直接转化为地理标志。

本法实施前已注册地理标志商标的，继续有效，也可同时申请地理标志认定保护。

第二十一条 【撤回与改变】

申请人可以在地理标志认定前随时撤回地理标志申请。

申请认定地理标志需要改变其标志的，应当重新提出认定申请。

第三章 地理标志的审查与认定

第二十二条 【审查流程及时限】

对申请的地理标志，地理标志局应当自收到地理标志申请文件之日起三个月内审查完毕，符合本法有关规定的，予以初审公告。

对初步审定公告的地理标志，自公告之日起三个月内，在先权利人、利害关系人认为违反本法第八条规定的，可以向地理标志局提出异议，说明理由，必要时还应当附具有关证据材料。

公告期满无异议或异议不成立的，地理标志局在三个月内进行技术审查。技术审查包括会议审查和必要的产地核查，申请人应当予以配合。审查合格的，地理标志局发布地理标志核准认定公告；审查不合格的，驳回该地理标志申请，并书面通知申请人。

第二十三条 【及时审查】

对地理标志申请、地理标志复审申请、地理标志异议申请应当及时进行审查。

第二十四条 【认定标准】

申请认定的地理标志，凡不符合本法第八条规定的，由地理标志局驳回申请，不予公告。

第二十五条 【审查补正】

在审查过程中，地理标志局认为地理标志申请内容需要说明或者修正的，可以要求申请人做出说明或者修正。申请人未做出说明或者修正的，不影响地理标志局做出审查决定。

第二十六条　【在先权利】

申请地理标志认定不得损害他人现有的在先权利。

第二十七条　【认定公告内容】

认定公告的内容包括地理标志名称、地理标志权人、认定日期、认定号、生产区域、保护要求等。

第二十八条　【驳回复审】

对驳回申请、不予公告的地理标志，地理标志局应当书面通知地理标志申请人。地理标志申请人不服的，可以自收到通知之日起三十日内向地理标志局申请复审。地理标志局应当自收到申请之日起三个月内做出决定，并书面通知申请人。有特殊情况需要延长的，经国务院负责地理标志执法的部门批准，可以延长三个月。当事人对地理标志局的决定不服的，可以自收到通知之日起三十日内向人民法院起诉。

第二十九条　【异议程序】

对初步审定公告的地理标志提出异议的，地理标志局应当听取异议人和被异议人陈述事实和理由，经调查核实后，自公告期满之日起三个月内做出是否准予认定的决定，并书面通知异议人和被异议人。有特殊情况需要延长的，经国务院、负责地理标志执法的部门批准，可以延长三个月。

地理标志局做出准予认定决定的，进入技术审查程序，审查合格的，发给地理标志证书，予以认定公告。异议人不服的，可以依照本法第三十七条的规定向地理标志局请求宣告该地理标志无效。

地理标志局作出不予认定决定，被异议人不服的，可以自收到通知之日起十五日内向地理标志局申请复审。地理标志局应当自收到申请之日起三个月内做出复审决定，并书面通知异议人和被异议人。有特殊情况需要延长的，经国务院负责地理标志执法的部门批准，可以延长三个月。被异议人对地理标志局的决定不服的，可以自收到通知之日起三十日内向人民法院起诉。人民法院应当通知异议人作为第三人参加诉讼。

地理标志局在依照前款规定进行复审的过程中，所涉及的在先权利的确定必须以人民法院正在审理或者行政机关正在处理的另一案件的结果为依据的，可以中止审查。中止原因消除后，应当恢复审查程序。

第三十条　【地理标志生效】

地理标志申请通过技术审查的，自认定公告之日起地理标志生效。

法定期限届满，当事人对地理标志局做出的驳回申请决定、不予认定决定不申请复审或者对地理标志局做出的复审决定不向人民法院起诉的，驳回申请决定、不予认定决定或者复审决定生效，进入技术审查程序。

经审查异议不成立而进入技术审查程序并通过准予认定的地理标志，地理标志申请人取得地理标志专用权的时间自认定公告之日起计算。自该地理标志初审公告期满之日起至准予认定决定做出前，对他人在同一种或者类似产品上使用与该地理标志相同或者近似的标志的行为不具有追溯力；但是，因该使用人的恶意给地理标志认定人造成的损失，应当给予赔偿。

第三十一条　【信息错误更正】

地理标志申请人或者地理标志权人发现地理标志申请文件或者认定文件有明显错误的，可以申请更正。地理标志局依法在其职权范围内作出更正，并通知当事人。

前款所称更正错误不涉及地理标志申请文件或者认定文件的实质性内容。

第四章　地理标志的使用与管理

第三十二条　【地理标志的使用行为】

本法所称地理标志的使用，是指将地理标志用于产品、产品包装、容器、服务场所以及交易文书上，或者将地理标志用于广告宣传、展览以及其他商业活动中，用以识别产品来源的行为。

第三十三条 【地理标志的许可使用】

地理标志申请人应当通过签订地理标志使用许可合同，许可他人使用其地理标志。许可人应当监督被许可人使用其地理标志的产品质量。被许可人应当保证使用该地理标志的产品质量。

经许可使用他人地理标志的，必须在使用该地理标志的产品上标明被许可人的名称和产品产地。

许可他人使用其地理标志的，许可人应当将其地理标志使用许可报地理标志局备案，由地理标志局公告。地理标志使用许可未经备案不得对抗善意第三人。

第三十四条 【地理标志的使用范围】

经审查认定的地理标志，应当在地理标志认定的地区和产品范围内使用。

其他单位或者个人不得擅自使用他人已经被审查认定的地理标志。

第三十五条 【地理标志的使用鼓励】

县级以上知识产权管理部门和有关行政管理部门应当在产品质量管理、品牌培育、产业促进等方面制定政策措施，鼓励和支持地理标志生产经营者加强品牌建设，建立地理标志品牌发展体系。

县级以上人民政府应当支持建设地理标志产业园区，培育地理标志特色产业。

第三十六条 【地理标志的变更】

因国家行政区划发生变更，地理标志权利人需要变更权利人的名义、地址或者其他事项的，经管辖该地理标志所标示地区的人民政府批准，可以提出变更申请。

第三十七条 【地理标志的转让】

转让地理标志的，经管辖该地理标志所标示地区的人民政府批准，转让人和受让人应当签订转让协议，并共同向地理标志局提出申请。受让人应当有具备地理标志的申请条件并保证使用该地理标志的产品质量。

对容易导致混淆或者有其他不良影响的转让，地理标志局不予核准，书面通知申请人并说明理由。

转让地理标志经核准后，予以公告。受让人自公告之日起享有地理标志权。

第三十八条 【地理标志的无效宣告】

已经认定的地理标志，违反本法第八条规定，不具备本法规定的申请条件的，或者是以欺骗手段或者其他不正当手段获得认定的，由地理标志局宣告该认定地理标志无效；其他单位或者个人可以请求地理标志局宣告该地理标志无效。

地理标志局做出宣告地理标志无效的决定，应当书面通知当事人。当事人对地理标志局的决定不服的，可以自收到通知之日起十五日内向地理标志局申请复审。地理标志局应当自收到申请之日起三个月内做出决定，并书面通知当事人。有特殊情况需要延长的，经国务院负责地理标志执法的部门批准，可以延长三个月。当事人对地理标志局的决定不服的，可以自收到通知之日起三十日内向人民法院起诉。

其他单位或者个人请求地理标志局宣告地理标志无效的，地理标志局收到申请后，应当书面通知有关当事人，并限期提出答辩。地理标志局应当自收到申请之日起三个月内做出维持地理标志或者宣告地理标志无效的决定，并书面通知当事人。有特殊情况需要延长的，经国务院负责地理标志执法的部门批准，可以延长三个月。当事人对地理标志局的决定不服的，可以自收到通知之日起三十日内向人民法院起诉。人民法院应当通知地理标志裁定程序的对方当事人作为第三人参加诉讼。

第三十九条 【地理标志的无效宣告时间】

法定期限届满，当事人对地理标志局宣告地理标志无效的决定不申请复审或者对地理标志局的复审决定、维持认定或者宣告无效的决定不向人民法院起诉的，地理标志局的决定或者地理标志局的复审决定、维持认定或者宣告无效的决定生效。

第四十条　【宣告无效的公告】

依照本法规定宣告无效的地理标志，由地理标志局予以公告，该地理标志权即视为自始不存在。

第四十一条　【被宣告无效的地理标志权溯及力】

宣告地理标志无效的决定或者裁定，对宣告无效前人民法院做出并已执行的地理标志侵权案件的判决、裁定、调解书和负责地理标志执法的部门做出并已执行的地理标志侵权案件的处理决定以及已经履行或者使用许可合同不具有追溯力。

第四十二条　【地理标志的撤销】

自地理标志局发布认定公告之日起，任何单位或者个人认为属于本规定第八条情形之一的，可以请求地理标志局撤销地理标志，提交请求书，说明理由，必要时还应当附具有关证据材料。

属于本规定第八条第（一）项、第（六）项和第（七）项情形之一的，由地理标志局撤销地理标志，并书面通知申请人。

第四十三条　【关于地理标志撤销的复审】

对地理标志局撤销或者不予撤销地理标志的决定，当事人不服的，可以自收到通知之日起十五日内向地理标志局申请复审。地理标志局应当自收到申请之日起三个月内做出决定，并书面通知当事人。有特殊情况需要延长的，经国务院负责地理标志执法的部门批准，可以延长三个月。当事人对地理标志局的决定不服的，可以自收到通知之日起三十日内向人民法院起诉。

第四十四条　【撤销地理标志的生效时间】

法定期限届满，当事人对地理标志局做出的撤销地理标志的决定不申请复审或者对地理标志做出的复审决定不向人民法院起诉的，撤销地理标志的决定、复审决定生效。

被撤销的地理标志，由地理标志局予以公告，该地理标志权自公告之日起终止。

第五章　法律责任

第四十五条　【违法制造、使用和销售地理标志行为】

有下列侵权行为的，均属侵犯地理标志权：

（一）伪造、擅自制造地理标志的；

（二）未经批准擅自使用地理标志的；

（三）通过使用产品名称或者产品描述，使公众误认为产品来自受保护地理标志产地的；

（四）在与地理标志产品相同或相近似的产品上使用与地理标志相关的意译、音译、字译，或者标注属于地理标志产品的种类、品种、风格或仿制等字样的；

（五）销售本条第（三）项和第（四）项侵犯地理标志的产品的。

第四十六条　【违法使用、销售专用标志的行为】

（一）未经批准擅自在产品上使用专用标志的；

（二）在产品上使用与专用标志相似的标志，使公众误以为是专用标志的；

（三）销售上述侵犯专用标志的产品的。

第四十七条　【民事责任】

任何单位或个人有本法第四十四条中侵犯地理标志权行为的，应当根据情况，承担停止侵害、消除影响、赔礼道歉、赔偿损失等民事责任。

第四十八条　【行政处罚】

任何单位或个人有本法第四十四条或第四十五条所列行为的，县级以上负责地理标志执法的部门认定侵权行为成立的，责令立即停止侵权行为，没收、销毁侵权标志、侵权产品和主要用于制造侵权产品、伪造地理标志的工具，违法经营额五万元以上的，可以处违法经营额五倍以下的罚款，没有违法经营额或者违法经营额不足五万元的，可以处二十五万元以下的罚款。对五年内实施两次以上地理标志侵权行为或者有其他严重情节的，应当从重处罚。销售不知道是侵犯地理标志权的产品，能证明该产品是自己合法取得并说明提供者的，由负责地理标志执法的部门责令停止销售，不承担赔偿责任。

第四十九条　【刑事责任】

任何单位或个人有本法第四十四条所列的侵犯地理标志权的行为，构成犯罪的，依法追究刑事责任。

第五十条　【地理标志侵权公益诉讼】

侵犯地理标志权的行为损害国家利益或者社会公共利益，权利人或者利害关系人不提起诉讼，负责地理标志执法的部门也未处理的，检察机关可以依法对侵犯地理标志的行为向人民法院提起诉讼。

第五十一条　【地理标志权侵权赔偿数额的确定】

侵犯地理标志权的，侵权人应当按照权利人受到的实际损失或者侵权人的违法所得给予赔偿；权利人的实际损失或者侵权人的违法所得难以计算的，可以参照许可使用费用给予赔偿。对故意侵犯地理标志权或非法使用专用标志的行为，情节严重的，可以在按照上述方法确定数额的一倍以上五倍以下给予赔偿。赔偿数额应当包括权利人为制止侵权行为所支付的合理开支。

权利人的实际损失、侵权人的违法所得、权利使用费难以计算的，由人民法院根据侵权行为的情节判决给予五百万元以下的赔偿。

对侵犯地理标志权赔偿数额的争议，当事人可以请求进行处理的负责地理标志执法的部门调解，也可以依照《中华人民共和国民事诉讼法》向人民法院起诉。经负责地理标志执法的部门调解，当事人未达成协议或者调解书生效后不履行的，当事人可以依照《中华人民共和国民事诉讼法》向人民法院起诉。

第五十二条 【负责地理标志执法的部门调查职权】

县级以上负责地理标志执法的部门根据已经取得的违法嫌疑证据或者举报，对涉嫌侵犯地理标志权的行为进行查处时，可以行使下列职权：

（一）询问有关当事人，调查与侵犯地理标志权有关的情况；

（二）查阅、复制当事人与侵权活动有关的合同、发票、账簿以及其他有关资料；

（三）对当事人涉嫌从事侵犯地理标志权活动的场所实施现场检查；

（四）检查与侵权活动有关的物品；对有证据证明是侵犯地理标志权的物品，可以查封或者扣押。

负责地理标志执法的部门依法行使前款规定的职权时，当事人应当予以协助、配合，不得拒绝、阻挠。

第五十三条 【权利人质量管理责任】

地理标志获得保护后，权利人应当采取措施对地理标志和地理标志专用标志的使用、产品质量特色等进行管理。地理标志权利人未尽到管理责任，致使地理标志产品达不到质量要求或造成不良社会影响的，由负责地理标志执法的部门责令限期改正；拒不改正的，有违法所得的，可以处违法所得三倍最高不得超过三十万元的罚款，没有违法所得的，可以处三万元以下的罚款。

第五十四条 【生产经营者责任】

生产经营者未按相应标准和规范组织生产或两年内未在受保护的地理标志产品上使用专用标志的，由负责地理标志执法的部门责令暂停使用专用标志，并限期整改。对逾期未改的，由省级知识产权管理部门报请国家知识产权局审查，撤销其地理标志专用标志使用注册登记，并进行公告。

第五十五条　【国家机关工作人员职责】

从事地理标志保护管理工作的国家机关工作人员应当忠于职守，秉公办事，不得滥用职权、以权谋私，不得泄露工作秘密。违反以上规定的，依法给予处分；构成犯罪的依法追究刑事责任。

第五十六条　【争议解决方式】

因地理标志侵权引起纠纷的，由当事人协商解决；不愿协商或者协商不成的，权利人或者利害关系人可以向人民法院起诉，也可以请求县级以上负责地理标志执法的部门处理。

第六章　附　　则

第五十七条　【实施时间】

本法自　　年　月　日起施行，其他有关地理标志的规定，凡与本法抵触的，同时失效。

本法实施前已经注册的地理标志商标继续有效。

2.《中华人民共和国地理标志法（立法建议稿）》起草说明

地理标志专门立法是加强我国知识产权顶层设计，完善知识产权工作机制，适应经济发展对知识产权保护的要求，提升治理能力和治理水平的一项重要工作。为加强地理标志保护，规范地理标志的使用和管理，保证地理标志商品的质量特色，维护地理标志商品生产者、经营者的公平竞争秩序，以《中华人民共和国民法典》等法律、法规为参考，结合我国实际，经过深入调查研究，形成了《地理标志法（立法建议稿）》。现将有关情况说明如下：

一、制定本法的必要性

（一）制定《地理标志法》是完善知识产权保护顶层设计的客观要求

党的十八大以来，党中央、国务院将知识产权工作放在了更加重要的位置，先后作出系列决策部署。2020 年 11 月，习近平总书记在《全面加强知识产权保护工作 激发创新活力推动构建新发展格局》中强调：提高知识产权保护工作法治化水平，要加强地理标志、商业秘密等领域立法。《知识产权强国建设纲要（2021—2035 年）》要求探索制定地理标志专门法律法规。《“十四五”国家知识产权保护和运用规划》明确提出加强地理标志等领域立法。《地理标志保护和运用“十四五”规划》明确要求积极推动地理标志专门立法工作，建立协调有序的地理标志统一认定制度，优化地理标志审查工作机制，健全地理标志标准化体系，建立地理标志保护资源动态管理制度，加强地理标志保护基础理论研究。2021 年，《中欧地理标志协定》与《区域全面经济伙伴关系协定》（RCEP）的签署，进一步推动我国对于地理标志保护专门立法的进程。

我国现有的知识产权保护体系中，对作品、商标、专利、商业秘密、植物新品种等知识产权客体的保护均依据特定的法律规范，而地理标志作为与商标、专利和作品等同样的独立知识产权客体，除依据《商标法》注册地理标志商标外，其专门保护目前仍限于部门规章层级的《地理标志产品保护规定》《地理标志产品保护办法》和《农产品地理标志管理办法》，尚未构成完整的地理标志保护体系。通过制定本法，有利于我国完善知识产权保护顶层设计，统筹推进知识产权的“严保护、大保护、快保护、同保护”各项工作，进一步发挥知识产权作为国家发展战略性资源和国家竞争力核心要素的关键作用，培育我国地理标志的竞争新优势，加快适应以国内大循环为主体、国内国际双循环相互促进的新发展格局。

（二）制定本法是进一步加强地理标志保护法制保障的现实需要

当前我国地理标志保护“三元模式”源于 2018 年国务院行政机构改革前的三套地理标志认定管理体系，即原质检系统的“地理标志产品保护模式”：1999 年原国家质量技术监督局发布《原产地域产品保护规定》，后为 2001 年新组建国家质量监督检验检疫总局于 2005 年发布的《地理标志产品保护规定》所替代，建立了“地理标志产品保护”审批的保护体系；原工商系统的“地理标志商标法保护模式”：2001 年修订《商标法》，规定了地理标志定义并确立了以证明商标和集体商标对其保护的制度，2003 年《集体商标、证明商标注册和管理办法》细化了地理标志申请相关规定，以商标注册方式建立地理标志保护体系；原农业部的“农产品地理标志保护模式”：2002 年《农业法》修订，第 23 条增设“农产品地理标志”制度，2007 年原农业部发布《农产品地理标志管理办法》，进一步细化农产品领域地理标志登记和保护规则，至此形成我国特有的地理标志“三元模式”。

2018 年机构改革后，“地理标志产品保护”和“地理标志商标”归国家知识产权局统一负责管理，地理标志的授权和保护统一由国家知识产权局负责，新组建的农业农村部负责“农产品地理标志”管理，形成新的“两套机构、三元模式”，地理标志管理体系得到整合和完善，但仍未能解决“三元模式”交叉重叠且部分冲突等体制性问题。地理标志保护的主要依据仍为《地理标志产品保护规定》（2005 年原国家质量监督检验检疫总局发布）、《地理标志产品保护办法》（2023 年国家知识产权局发布）和《农产品地理标志管理办法》（2007 年原农业部发布），立法滞后，与实际工作脱节，与现阶段对地理标志保护的需求不相适应。

通过制定本法，将地理标志产品保护、地理标志商标、农产品地理标志三者统一规定在专门法中，明确地理标志主管部门、地方政府和职能部门地理标志工作职责，统一地理标志申请主客体、申请条件、法律责任等，有利于形成地理标志保护完善法律体系，提高公众认知程度和保护意识，成体系保护地理标志，提升我国地理标志保护水平。

（三）制定本法是促进区域品牌建设和乡村振兴的重要举措

《乡村振兴战略规划（2018—2022 年）》指出：“加快形成以区域公用品牌、企业品牌、大宗农产品品牌、特色农产品品牌为核心的农业品牌格局”以及“加强农产品商标及地理标志商标的注册和保护，构建我国农产品品牌保护体系”。2021 年 5 月，国家知识产权局、国家市场监督管理总局联合印发的《关于进一步加强地理标志保护的指导意见》中明确指出：“地理标志是重要的知识产权类型，是促进区域特色经济发展的有效载体，是推进乡村振兴的有力支撑。”

作为中国参与全球知识产权竞争的重要手段、促进区域特色经济发展的有效载体、推动乡村振兴的有力支撑，地理标志是推动外贸外交的重要领域，是保护和传承传统优秀文化的鲜活载体，也是企业参与市场竞争的重要资源。地理标志作为区域文化和形象的代表符号和传承载体，具有深厚的人文历史底蕴，有利于推进当地自然资源的科学经营，有利于充分发挥农业产业供给、生态屏障、文化传承等功能，不断优化农村生产生活生态空间，激发乡村发展活力。

通过制定本法，将推动社会各界重视地理标志认定，规范地理标志使用，加强对地理标志的保护，促进地理标志运用，强化地理标志对外合作与交流，有利于特色产业提质增效，助推经济高质量发展，有助于我国培育更多新资源获得地理标志保护，充分发挥知识产权制度优势，推动特色农业产业提质增效，促进以地理标志为载体的本地特色文化传承和传播，强有力助力区域经济发展和乡村振兴战略实施。

二、立法起草过程和立法思路

（一）起草过程

课题组于 2021 年 6 月启动《地理标志法（立法建议稿）》起草工作，开展基础研究、征求意见、研讨论证等工作，修改完善形成了《地理标志法（立法建议稿）》。一是建立工作机制。《地理标志法（立法建议稿）》起草工作由高校地理标志领域知名专家负责，组成工作专班，建立台账，开展《地理标志法（立法建议稿）》起草工作。二是开展基础研究与调研工作。系统、全面搜集国内外、各省市地理标志方面的立法资料和近年来有关地理标志保护和运用的政策文件，深入研究分析我国现行的地理标志法律法规和政策，通过田野调查等方式对云南、广西、贵州等地地理标志保护进行实地调研，考察影响地理标志保护的相关因素及其影响方式，为制定《地理标志法（立法建议稿）》奠定理论基础与提供参考依据。三是组建专家团队。为提高立法水平，充分借助多所高校地理标志领域知名专家的力量，多次召开专题会议，为《地理标志法（立法建议稿）》的制定提供建议意见。四是深入开展研讨。多次召开专题研究会议，对《地理标志法（立法建议稿）》内容进行逐条讨论修改，完成《地理标志法（立法建议稿）》的起草。

（二）立法思路

起草工作以坚持立足于我国知识产权强国建设背景与借鉴国际上先进地理标志立法经验相结合、坚持问题导向与立法前瞻性相结合、综合考虑现行法律、法规和政策性文件的规定、处理好与相关法律的关系为主要思路，主要表现为以下几点：

一是坚持立足于我国知识产权强国建设背景与借鉴国际上先进地理标志立法经验相结合。从我国实际出发，深入总结国内地理标志相关法律、法规的实施经验与教训，将原有的三种地理标志保护模式整合。作为TRIPS协定所确定的七大类知识产权客体之一，地理标志被纳入国际法律保护已达百年之久，有多个国家和地区制定了地理标志保护方面的法律。本法充分借鉴有关国际组织和国家、地区的有益做法，建立健全适应我国地理标志保护和区域经济发展需要的法律制度。

二是坚持问题导向和立法前瞻性相结合。对我国现有的地理标志保护“三元模式”进行检视与反思，立足于地理标志保护领域存在的管理混乱、主客体差异、与商标权利冲突、保护力度不一等问题和人民群众的重大关切，建立完善可行的制度规范。同时，对一些尚存争议的理论问题，在本法中留下必要空间，对新技术、新应用带来的新问题，在充分研究论证的基础上作出必要规定，体现法律的包容性、前瞻性。

三是处理好与相关法律的关系。把握好地理标志权保护的立法定位，《地理标志法》作为我国首部针对地理标志这一独特知识产权类型的专门立法，在制定过程中以及出台后实施均需要考虑其与《民法典》《刑法》等相关法律的衔接，细化、充实地理标志保护制度的同时，既要做到立法之间的体系性协调，又要与《商标法》等法律形成合力，同时要废止《地理标志条例》等法律法规，达到立法统一，实现对地理标志的有效运用、管理与保护。

三、关于草案的主要内容

《地理标志法（立法建议稿）》共六章五十七条，包括总则、地理标志注册的申请、地理标志的审查与认定、地理标志的使用、法律责任、附则。

（一）总则

第一章共十二条，主要内容有立法目的与背景、本法适用的范围、地理标志定义、政府职责、地理标志的管理主体、地理标志申请与使用的基本原则、地理标志的质量标准、不给予地理标志保护的情形等。

1. 对地理标志及其要件作出界定

明确地理标志是指标示商品来源于某一特定地区，该商品的质量、信誉或其他特征，主要由该地区的自然因素或人文因素所决定的标志。(第三条)

明确地理标志需要具备真实性、地域性、特异性和关联性四要件。(第八条)

2. 进一步明确管理部门的职责

全国地理标志的认定和管理工作由国务院市场监督管理部门地理标志局负责。地方行政区域内地理标志的监督和服务工作由地方知识产权行政管理部门负责。(第六条)

3. 强化地理标志的质量标准

为保持地理标志的质量特色，产地范围所在的地方人民政府，应当按

照地理标志实际需要制定相应质量标准体系。(第十条)

4. 加强国际合作和国际互认互保

国外地理标志的保护中，进一步强调对等原则的重要地位。明确外国人、外国企业或者外国其他组织申请地理标志可以委托相关机构办理。强调县级以上人民政府推动经审查认定核准使用的纳入国际地理标志互认互保。突出省级以上知识产权局指导纳入国际地理标志互认互保清单中的地理标志在海外市场使用外方地理标志官方标志。(第十一条、第十二条)

（二）地理标志注册的申请

第二章共九条，主要内容有地理标志申请的要求、申请主体、申请条件、申请材料、产地范围划分、外国地理标志申请材料、申请日期的确定、在先商标保留等。

1. 明确地理标志申请主体

地理标志主体为县级以上人民政府指定的产地范围内的地理标志保护申请机构或者认定的协会。外国地理标志申请人经原产国或地区地理标志主管部门推荐，可以向地理标志局提出地理标志申请。(第十六条)

2. 明确申请的条件及提交的申请材料

申请地理标志认定须符合相关条件，并提供相应证明材料，摒除过往多部门管理模式下对于申请条件要求不一的情况，统一地理标志的申请条件及申请材料，避免出现主客体差异的局面。(第十四条、第十七条)

3. 明确在先地理标志商标如何处理

为避免地理标志与商标之间的权利冲突，规定本法实施前已注册地理标志商标的，继续有效，也可同时申请地理标志认定保护。(第二十条)

（三）地理标志的审查与认定

第三章共十条，主要内容有地理标志申请的审查流程和审查时限、认定标准、审查补正、在先权利、受理公告、异议受理与决定、技术审查、认定公告、驳回申请、驳回复审申请、地理标志生效、信息错误更正等。

1. 明确地理标志的审查流程与期限

地理标志的申请审查的整体审查时限为九个月，由受理、初步审查、技术审查到认定公告等基本流程构成。(第二十二条)

2. 明确地理标志的认定标准

地理标志审查认定的核心标准为地理标志关联性认定，同时地理标志认定亦不得损害他人现有的在先权利。对申请认定的地理标志有异议的，异议人可以对该地理标志提出异议，经审查异议不成立而进入技术审查程序并通过准予认定的地理标志，地理标志申请人取得地理标志专用权的时间自认定公告之日起计算。(第二十四条、第二十六条、第二十九条、第三十条)

(四) 地理标志的使用与管理

第四章共十三条，主要内容有地理标志的使用行为、合法使用人、使用范围、国际互认互保、无效的审查及无效公告、无效宣告、撤销、撤销的审查及撤销公告等。

1. 明确地理标志的使用方式和使用范围

为了鼓励地理标志的推广使用，规定地理标志申请人应当通过签订合同的方式，许可他人进行使用。同时，经审查认定的地理标志，应当在地理标志认定的地区和商品范围内使用，其他单位或者个人不得擅自使用他人已经被审查认定的地理标志。(第三十二条、第三十四条)

2. 鼓励地理标志的品牌建设和推广应用

为了鼓励地理标志的品牌建设，各级政府部门应当在商品质量管理、品牌培育、产业促进等方面制定政策措施，鼓励和支持地理标志生产经营者加强品牌建设，建立地理标志品牌发展体系。同时，支持建设地理标志产业园区，培育地理标志特色产业。(第三十五条)

3. 明确地理标志的变更和转让

因国家行政区划发生变更，经管辖该地理标志所标示地区的人民政府批准，地理标志权利人可以提出变更申请。转让地理标志的，要经管辖该地理标志所标示地区的人民政府批准，转让人和受让人应当共同向地理标志局提出申请。(第三十六条、第三十七条)

4. 明确地理标志的撤销及无效宣告情形

明确规定不给予地理标志保护的情形，包括商品或者商品名称违反法律、社会公德或者妨害公共利益，与在先地理标志、商标权、动植物品种冲突，以欺骗手段获得认定等，并将其作为撤销或者无效宣告的理由。(第三十八条至第四十四条)

（五）法律责任

第五章共十二条，主要内容有违法制造、使用和销售地理标志行为、违法使用销售专用标志行为、争议解决方式、侵犯地理标志权赔偿数额的确定、权利人质量管理责任、生产经营者责任等。

1. 明确地理标志权侵权行为

明确地理标志权侵权行为，任何单位或个人非法制造地理标志，非法使用地理标志和非法销售地理标志的行为的，均属侵犯地理标志权。（第四十五条）

2. 明确侵犯地理标志权的法律责任

任何侵犯地理标志权的行为应当根据情况，分别承担民事责任、市场监督管理部门施以的行政处罚责任或刑事责任。（第四十七条、第四十八条、第四十九条）

3. 明确权利人质量管理责任

地理标志获得保护后，权利人应当采取措施对地理标志和地理标志专用标志的使用、商品质量特色等进行管理。地理标志权利人未尽到管理责任，致使地理标志商品达不到质量要求或造成不良社会影响的，承担质量管理责任。(第五十三条)

4. 明确生产经营者责任

地理标志商品生产者有权使用地理标志名称和专用标志，应当按照相应标准或者管理规范组织生产。生产经营者未按相应标准和规范组织生产或2年内未在受保护的地理标志商品上使用专用标志的，承担生产经营者责任。(第五十四条)

5. 明确争议解决方式

因地理标志侵权产生的纠纷，可以采取协商、起诉或请求知识产权管理部门处理三种方式。(第五十六条)

（六）附则

第六章共一条，明确本法施行日期及与地理标志相关的法律法规废止日期。(第五十七条)

参考文献

一、著作类

［1］吴汉东：《知识产权应用问题研究》（第2版），中国人民大学出版社2022年版。

［2］刘春田：《知识产权法》（第6版），中国人民大学出版社2022年版。

［3］赵小平：《中国地理标志成案研究》，山西人民出版社2022年版。

［4］孙庆忠：《农业文化遗产与乡土中国》，中央编译出版社2021年版。

［5］吴汉东：《知识产权法》，法律出版社2021年版。

［6］曾德国：《地理标志概论》，中国标准出版社2021年版。

［7］吴汉东：《知识产权总论》（第4版），中国人民大学出版社2020年版。

［8］韩秀成、曾燕妮、王淇等：《知识产权理念、制度与国家战略》，浙江大学出版社2020年版。

［9］王文龙：《中国地理标志农产品品牌建设研究》，中国社会科学出版社2018年版。

［10］于波：《地理标志保护制度》，上海人民出版社2018年版。

［11］吴汉东：《中国知识产权理论体系研究》，商务印书馆2018年版。

[12] 魏振瀛：《民法》（第7版），高等教育出版社2017年版。

[13] 贾玉娟、刘永强、孙向春：《农产品质量安全》，重庆大学出版社2017年版。

[14] 贾引狮、宋志国：《中国与东盟地理标志法律制度比较研究》，知识产权出版社2017年版。

[15] 胡海容：《地理标志申请与保护实务》，国防工业出版社2016年版。

[16] 余楠：《国际法与国际关系视野下〈跨太平洋伙伴关系协定〉（TPP）知识产权谈判》，法律出版社2016年版。

[17] 杨永：《地理标志保护创新发展路径研究》，西北农林科技大学出版社2016年版。

[18] 朱继胜：《知识财产论》，广西师范大学出版社2016年版。

[19] 曾德国：《地理标志理论与实务》，知识产权出版社2014年版。

[20] 国务院法制办公室：《中华人民共和国三农法典》，中国法制出版社2014年版。

[21] 牛永革：《地理品牌研究》，四川大学出版社2014年版。

[22] 吴汉东：《知识产权多维度学理解读》，中国人民大学出版社2014年版。

[23] 孔祥俊：《商标法适用的基本问题》，中国法制出版社2014年版。

[24] 吴汉东：《无形财产权基本问题的研究》，中国人民大学出版社2013年版。

[25] 杨永：《产业视域中的地理标志发展对策研究》，西北农林科技大学出版社2013年版。

[26] 王笑冰：《地理标志法律保护新论——以中欧比较为视角》，中国政法大学出版社2013年版。

［27］王迁：《知识产权法教程》，中国人民大学出版社2011年版。

［28］管育鹰：《我国地理标志保护制度评述》，知识产权出版社2011年版。

［29］齐爱民：《知识产权法总论》，北京大学出版社2010年版。

［30］吴汉东、郭寿康主编：《知识产权制度国际化问题研究》，北京大学出版社2010年版。

［31］田芙蓉：《地理标志法律保护制度研究》，知识产权出版社2009年版。

［32］孔祥俊：《商标与不正当竞争法——原理和判例》，法律出版社2009年版。

［33］冯寿波：《论地理标志的国际法律保护——以TRIPS协议为视角》，北京大学出版社2008年版。

［34］赵小平：《地理标志的法律保护研究》，法律出版社2007年版。

［35］王笑冰：《论地理标志的法律保护》，中国人民大学出版社2006年版。

［36］董炳和：《地理标志知识产权制度研究——构建以利益分享为基础的权利体系》，中国政法大学出版社2005年版。

［37］李琛：《论知识产权法的体系化》，北京大学出版社2005年版。

［38］黄桂林：《地理标志的国际保护及中国的现状》，人民法院出版社2005年版。

［39］李明德：《美国知识产权法》，法律出版社2003年版。

［40］中国社会科学院法学研究所：《法律辞典》，法律出版社2003年版。

［41］曾陈明汝：《商标法原理》，中国人民大学出版社2003年版。

［42］王泽鉴：《民法总则》，中国政法大学出版社2001年版。

［43］施启扬：《民法总则》，台湾三民书局2001年版。

[44] 李龙：《良法论》，武汉大学出版社 2001 年版。

[45] 吴汉东、胡开忠：《无形财产权制度研究》，法律出版社 2001 年版。

[46] 刘春田：《知识产权法》，高等教育出版社 2000 年版。

[47] 方彬彬：《产地标示之保护》，台湾三民书局 1995 年版。

[48] 薛虹：《网络时代的知识产权法》，法律出版社 2000 年版。

[49] 郑成思：《知识产权法教程》，法律出版社 1993 年版。

[50] 曾世雄：《民法总则之现在与未来》，中国政法大学出版社 2001 年版。

二、论文类

[1] 陈星：《RCEP 框架下中国—东盟地理标志保护合作研究》，载《广西社会科学》2023 年第 1 期。

[2] 蔡祖国、孙继华：《地理标志保护模式的新发展及我国路径选择》，载《海南大学学报（人文社会科学版）》2023 年 9 月 1 日。

[3] 宋昕哲：《商标法保护地理标志路径的审视与重构——以区分功能为逻辑起点》，载《海南大学学报（人文社会科学版）》2023 年 5 月 5 日。

[4] 吴汉东：《试论中国自主的知识产权知识体系》，载《知识产权》2023 年第 1 期。

[5] 孙丽伟、杨筱、胡婷等：《知识产权强国建设背景下持续提升数据标准体系的战略思考》，载《科技管理研究》2023 年第 14 期。

[6] 李思昊：《农产品地理标志助力乡村振兴战略：价值、问题与新思考——以新疆于田县为例》，载《农业经济》2023 年第 5 期。

[7] 孔维府、窦心悦、曲绎霖等：《葡萄与葡萄酒地理标志在中国的发展状况分析》，载《中外葡萄与葡萄酒》2023 年第 5 期。

[8] 王春伟：《广西地理标志在乡村振兴文创产品设计中的应用——评〈广西乡村振兴报告〉》，载《商业经济研究》2023 年第 12 期。

[9] 钱薇雯、董银果：《中欧地理标志互认促进中国农产品出口——基于“双循环”视角的机制研究》，载《国际贸易问题》2023 年第 6 期。

[10] 刘加良、李畅：《商标权恶意诉讼的理性规制》，载《法学论坛》2023 年第 5 期。

[11] 萨矗荣贵：《我国地名文化遗产法律保护及对策研究》，载《文化遗产》2023 年第 3 期。

[12] 王永贵、孙豪、武优勐：《中国品牌建设的现状、逻辑与政策——探讨消费升级之路》，载《北京行政学院学报》2023 年第 5 期。

[13] 黄栋、王娟娟：《“一带一路”背景下企业创新国际化中的海外知识产权保护》，载《企业经济》2023 年第 5 期。

[14] 陈星：《论我国地理标志专门立法保护》，载《社会科学家》2022 年第 3 期。

[15] 张志成：《地理标志保护的法理基础及相关问题研究》，载《中国政法大学学报》2022 年第 6 期。

[16] 管育鹰：《我国地理标志保护中的疑难问题探讨》，载《知识产权》2022 年第 4 期。

[17] 孙远钊：《论地理标志的国际保护、争议与影响——兼论中欧、中美及相关地区协议》，载《知识产权》2022 年第 8 期。

[18] 孙智：《地理标志法律概念溯源及其重新界定——兼论〈地理标志保护规定（征求意见稿）〉的修改完善》，载《知识产权》2022 年第 8 期。

[19] 郭禾：《我国地理标志保护制度发展的应然进路》，载《知识产权》2022 年第 8 期。

[20] 王太平：《四十年来中国商标法研究的知识增长与知识转型》，

载《知识产权》2022 年第 8 期。

［21］韩玉玲、姚瑶、施宇恬等：《我国地理标志农产品研究现状与展望》，载《江苏农业科学》2022 年第 15 期。

［22］何焰、黄京华：《地理标志品牌价值提升路径研究》，载《商业经济研究》2022 年第 15 期。

［23］张艳、黄炎忠：《地理标志品牌参与对农产品质量安全的影响研究》，载《华中农业大学学报（社会科学版）》2022 年第 5 期。

［24］刘进、黄渊基、王亚辉等：《湖南省地理标志农产品时空分布特征及人文成因》，载《经济地理》2022 年第 10 期。

［25］贾敏：《政企协同视角下地理标志农产品品牌营销管理策略研究》，载《商业经济研究》2022 年第 21 期。

［26］谢永顺、王成金、吴爱玲：《地理标志农产品和农业经济的时空演变及交互响应》，载《地理科学》2022 年第 9 期。

［27］吴汉东：《中国知识产权法律体系论纲——以〈知识产权强国建设纲要（2021—2035 年）〉为研究文本》，载《知识产权》2022 年第 6 期。

［28］张林：《洛克劳动财产权理论与知识产权的“共有状态”》，载《西藏民族大学学报（哲学社会科学版）》2022 年第 5 期。

［29］栾信杰、Julien Chaisse：《当今囿于美国“长臂管辖”的〈TRIPS 协定〉改革研究》，载《国际贸易》2022 年第 2 期。

［30］吴汉东：《〈民法典〉知识产权制度的学理阐释与规范适用》，载《法律科学》2022 年第 1 期。

［31］吴汉东：《中国知识产权制度现代化的实践与发展》，载《中国法学》2022 年第 5 期。

［32］易继明：《新时代中国特色知识产权发展之路》，载《政法论丛》2022 年第 1 期。

［33］沈伟：《知识产权法益体系化保护路径之建构》，载《科技与法律（中英文）》2021 年第 6 期。

［34］吴汉东：《试论“民法典时代”的中国知识产权基本法》，载《知识产权》2021 年第 4 期。

［35］宋昕哲：《地理标志保护中通用名称认定的独立标准》，载《知识产权》2021 年第 7 期。

［36］陈晖、伽红凯、高芳：《国内外地理标志保护管理体制的演变与趋势》，载《世界农业》2021 年第 10 期。

［37］孙智：《地理标志保护全球化的历史变迁及启示》，载《国际经济法学刊》2021 年第 4 期。

［38］于浩：《地理标志保护的模式与选择》，载《中共青岛市委党校青岛行政学院学报》2021 年第 4 期。

［39］胡常峰：《我国未注册地理标志的存在逻辑与法律保护》，载《理论月刊》2021 年第 6 期。

［40］史作廷、李冠霖：《以行政区品牌建设为重要突破口 引领推进脱贫地区乡村产业振兴》，载《宏观经济管理》2021 年第 9 期。

［41］刘铁光：《〈民法典〉统辖下的知识产权单行法修订》，载《当代法学》2021 年第 2 期。

［42］李道和、叶丽红、陈江华：《政府行为、内外部环境与农产品区域公用品牌整合绩效——以江西省为例》，载《农业技术经济》2020 年第 8 期。

［43］储敏、徐娜、姜有玉：《乡村振兴战略背景下地理标志法律保护体系的重构——基于对现有多元立法模式的反思》，载《南京财经大学学报》2020 年第 1 期。

［44］林秀芹、孙智：《我国地理标志法律保护的困境及出路》，载《云南师范大学学报（哲学社会科学版）》2020 年第 1 期。

[45] 李永超：《中国地理标志的行政法律保护——评〈地理标志商标典型案例评述〉》，载《地理科学进展》2020 年第 7 期。

[46] 钟莲：《我国地理标志保护规则困境及体系协调路径研究》，载《华中科技大学学报（社会科学版）》2020 年第 1 期。

[47] 刘强、孙青山：《〈民法典〉知识产权条款立法研究——兼论"民商知合一"立法体例的构建》，载《中南大学学报（社会科学版）》2020 年第 6 期。

[48] 易继明、初萌：《后 TRIPS 时代知识产权国际保护的新发展及我国的应对》，载《知识产权》2020 年第 2 期。

[49] 易继明：《中美关系背景下的国家知识产权战略》，载《知识产权》2020 年第 9 期。

[50] 张亚峰、许可、刘海波等：《意大利地理标志促进乡村振兴的经验与启示》，载《中国软科学》2019 年第 12 期。

[51] 王晓艳：《论我国地理标志的保护模式》，载《知识产权》2019 年第 11 期。

[52] 孙智：《地理标志国际保护新发展的路径分歧及我国选择》，载《知识产权》2019 年第 1 期。

[53] 张今、卢结华：《商标法中地域性名称的司法认定：商标、地理标志、特有名称与通用名称之辨析》，载《法学杂志》2019 年第 2 期。

[54] 胡常峰：《地理标志国际保护的嬗变——以里斯本协定日内瓦文本为考察对象》，载《甘肃政法学院学报》2019 年第 6 期。

[55] 宋锡祥、戴莎：《欧盟和加拿大自贸协定的特色及其对我国的启示》，载《上海大学学报（社会科学版）》2019 年第 1 期。

[56] 吴汉东：《试论知识产权制度建设的法治观和发展观》，载《知识产权》2019 年第 6 期。

[57] 吴汉东：《新时代中国知识产权制度建设的思想纲领和行动指

南——试论习近平关于知识产权的重要论述》，载《法律科学（西北政法大学学报）》2019 年第 4 期。

[58] 徐英、王秉洪、李松：《贵州省农产品地理标志空间分布及影响因素研究》，载《西北师范大学学报（自然科学版）》2019 年第 5 期。

[59] 鲁钊阳：《农产品地理标志对跨境农产品电商发展影响的实证研究》，载《中国软科学》2019 年第 6 期。

[60] 孙靖洲：《〈德国商标法〉的最新修订及其对我国的启示》，载《知识产权》2019 年第 6 期。

[61] 王衡、肖震宇：《比较视域下的中美欧自贸协定知识产权规则——兼论“一带一路”背景下中国规则的发展》，载《法学》2019 年第 2 期。

[62] 褚童：《巨型自由贸易协定框架下国际知识产权规则分析及中国应对方案》，载《国际经贸探索》2019 年第 9 期。

[63] 易继明：《改革开放 40 年中美互动与中国知识产权制度演进》，载《江西社会科学》2019 年第 6 期。

[64] 沈国兵、储灿：《知识产权保护对一般贸易出口产品质量的影响——基于中国省级行业面板数据的实证分析》，载《浙江学刊》2019 年第 5 期。

[65] 赵小平：《欧盟与加拿大〈综合经济贸易协定〉中的地理标志条款研究》，载《天津师范大学学报（社会科学版）》2018 年第 3 期。

[66] 李明德：《国家知识产权战略与知识产权法制建设》，载《西北大学学报（哲学社会科学版）》2018 年第 5 期。

[67] 李菊丹：《“一带一路”倡议下保加利亚知识产权保护制度研究》，载《法学杂志》2018 年第 12 期。

[68] 李春晖：《我国知识产权行政执法体制机制建设及其改革》，载《西北大学学报（哲学社会科学版）》2018 年第 5 期。

［69］吴汉东：《中国知识产权法律变迁的基本面向》，载《中国社会科学》2018 年第 8 期。

［70］吴汉东：《论知识产权一体化的国家治理体系——关于立法模式、管理体制与司法体系的研究》，载《知识产权》2017 年第 6 期。

［71］李雪、杨和财、李换梅：《中法葡萄酒地理标志、质量等级、标签比较研究》，载《中国酿造》2017 年第 11 期。

［72］费安玲：《论知识产权与民法典的互动——以立法形式为分析视角》，载《陕西师范大学学报（哲学社会科学版）》2017 年第 2 期。

［73］冯术杰：《论地理标志的法律性质、功能与侵权认定》，载《知识产权》2017 年第 8 期。

［74］孙葆春：《中国地理标志产品发展运行机制与完善》，载《社会科学战线》2017 年第 2 期。

［75］郑辉、李诚：《传统知识的地理标志保护研究》，载《西北大学学报（哲学社会科学版）》2017 年第 1 期。

［76］易继明：《国家治理现代化进程中的知识产权体制改革》，载《法商研究》2017 年第 1 期。

［77］陈法杰、李志刚：《国际农产品地理标志管理体系及经验借鉴》，载《江苏农业科学》2017 年第 9 期。

［78］亓蕾：《商标行政案件中地理标志司法保护的新动向——兼评〈关于审理商标授权确权行政案件若干问题的规定〉第 17 条》，载《法律适用》2017 年第 17 期。

［79］谢敏：《地理标志农产品对品牌营销竞争力的影响——以四川省为例》，载《中国农业资源与区划》2017 年第 4 期。

［80］刘丽：《基于产业集群的农产品地理标志促进区域经济发展——以辽宁省为例》，载《江苏农业科学》2017 年第 4 期。

［81］吴汉东：《民法法典化运动中的知识产权法》，载《中国法学》

2016 年第 4 期。

[82] 刘彬：《论中国自由贸易协定的“超 TRIPS”义务新实践》，载《厦门大学学报（哲学社会科学版）》2016 年第 5 期。

[83] 刘彬：《中国自由贸易协定知识产权文本的体系化构建》，载《环球法律评论》2016 年第 4 期。

[84] 吾守尔：《传统文化知识保护的地理标志路径评析》，载《宁夏社会科学》2015 年第 1 期。

[85] 苏悦娟、孔璎红、孔祥军：《中国生态原产地产品保护制度设计中若干重要问题辨析》，载《经济研究参考》2015 年第 65 期。

[86] 杨爱葵：《国外经验对中国农产品地理标志法律保护的启示》，载《世界农业》2015 年第 8 期。

[87] 王笑冰：《关联性要素与地理标志法的构造》，载《法学研究》2015 年第 3 期。

[88] 孟祥娟、李晓波：《地理标志保护制度存在的问题其解决》，载《知识产权》2014 年第 7 期。

[89] 吴彬、刘珊：《法国地理标志法律保护制度及对中国的启示》，载《华中农业大学学报（社会科学版）》2013 年第 6 期。

[90] 那力、魏德才：《论 FTA 中的地理标志与中国的选择》，载《江淮论坛》2013 年第 4 期。

[91] 杨静：《自由贸易协定中知识产权保护的南北矛盾及其消解》，载《知识产权》2011 年第 10 期。

[92] 魏丽丽：《我国地理标志保护模式的立法选择》，载《合肥工业大学学报（社会科学版）》2010 年第 3 期。

[93] 王笑冰、万怡挺：《我国参加 WTO 地理标志谈判的立场和对策》，载《知识产权》2010 年第 1 期。

[94] 李祖明：《传统知识视野下的地理标志保护研究》，载《知识产

权》2009 年第 1 期。

[95] 谭江：《美国知识产权立法的最新动向——解读美国〈优化知识产权资源与组织法案〉》，载《知识产权》2009 年第 1 期。

[96] 杨和财、李华：《我国地理标志专门立法保护探讨》，载《西北农林科技大学学报（社会科学版）》2008 年第 2 期。

三、译著类

[1] [美] 杰西 · N. 罗伯茨：《国际商标分类：尼斯协定指南》（原书第 5 版），阮开欣、唐雯琳、桂栗丽译，知识产权出版社 2023 年版。

[2] [英] 乔纳森 · 特纳：《知识产权与欧盟竞争法 · 欧洲法与比较法前沿译丛》，李硕、李京泽译，中国法制出版社 2022 年版。

[3] [英] 迈克尔 · 朱伊斯：《走进知识产权（知识产权法律管理及战略的实践）》，曾燕妮、李奉、刘薇译，知识产权出版社 2020 年版。

[4] [美] 亚历山大 · I. 保罗托拉克：《知识产权精要：法律、经济与战略》（第 2 版），王肃译，知识产权出版社 2020 年版。

[5] [美] E. 博登海默：《法理学：法律哲学与法律方法》，邓正来译，中国政法大学出版社 2017 年版。

[6] [美] 安德鲁 J. 谢尔曼：《收获无形资产：挖掘企业知识产权中的隐藏价值》，何越峰译，知识产权出版社 2017 年版。

[7] [英] 克里斯汀 · 格林哈尔希、马克 · 罗格：《创新、知识产权与经济增长》，刘劭君、李维光译，知识产权出版社 2017 年版。

[8] [美] 阿瑟 R. 米勒、迈克尔 H. 戴维斯：《知识财产概要》，周林、刘清格译，知识产权出版社 2017 年版。

[9] [德] 卡 · 马克思：《1844 年经济学哲学手稿》，中共中央马克思恩格斯列宁斯大林著作编译局译，人民出版社 2014 年版。

[10] [英] 约翰 · 奥斯丁：《法理学的范围》（第 2 版），刘星译，北

京大学出版社 2013 年版。

[11]［美］谢尔登·W. 哈尔彭、克雷格·艾伦·纳德、肯尼思·L. 波特：《美国知识产权法原理》，宋慧献译，商务印书馆 2013 年版。

[12]［美］J. M. 穆勒：《知识产权经典译丛：专利法》，沈超译，知识产权出版社 2013 年版。

[13]《马克思恩格斯选集（第三卷）》，中共中央马克思恩格斯列宁斯大林著作编译局译，人民出版社 2012 年版。

[14]［日］田村善之：《日本知识产权法》（第 4 版），周超、李希同、李雨峰译，知识产权出版社 2011 年版。

[15]《日本商标法》，李扬译，知识产权出版社 2011 年版。

[16]［奥］凯尔森、汉斯·凯尔森：《纯粹法理论》，张书友译，中国法制出版社 2008 年版。

[17]［英］奥里弗·弗兰克斯：《新国际平衡：对西方世界的挑战》，张泽忠译，陈安主编：《国际经济法学刊》第 15 卷第 4 期，北京大学出版社 2008 年版，第 1 页。

[18]［澳］布拉德·谢尔曼、［英］莱昂内尔·本特利：《现代知识产权法的演进：英国的历程（1760—1911）》，金海军译，北京大学出版社 2006 年版。

[19]［美］兰德斯、波斯纳：《知识产权法的经济结构》（中译本第二版），金海军译，北京大学出版社 2005 年版。

[20] 詹姆斯 D. 格瓦特尼等：《经济学：私人与公共选择》（原书第 9 版），梁小民、梁研译，中信出版社 2004 年版。

[21] 国家质量监督检验检疫总局编译：《国内法与国际法中的地理标志》，法律出版社 2004 年版。

[22]［德］拉伦茨：《德国民法通论》，王晓晔译，法律出版社 2003 年版。

［23］［日］富田彻男：《市场竞争中的知识产权》，廖正衡、张明国、徐书绅等译，商务印书馆2013年版。

［24］［美］阿瑟·R. 米勒、迈克尔·H. 戴维斯：《知识产权法概要》，周林等译，中国社会科学出版社1998年版。

［25］［德］康德：《法的形而上学原理——权利的科学》，沈树平译，商务印书馆1991年版。

［26］［英］洛克：《政府论》（下篇），叶启芳、瞿菊农译，商务印书馆1964年版。

［27］［德］黑格尔：《法哲学原理》，范杨、张企泰译，商务印书馆1961年版。

四、外文文献

［1］Huang Y，Study on the Infringement Identification of Geographical Indication Certification Trademark，Science of Law Journal，2023.

［2］Guareschi Marianna&Mancini Maria Cecilia&Arfini Filippo，Geographical Indications，public goods and sustainable development goals：A methodological proposal，Journal of Rural Studies，2023.

［3］Ismaël B&Paolo C&Raul M，et al，Intellectual property reform in the laboratory，Journal of Economic Behavior and Organization，2023.

［4］Li S S&Yoona C&Feng G，et al，Winning intellectual property rights lawsuits in China，Journal of World Business，2023.

［5］Rafik H&Hilmil P，A Survey of Intellectual Property Rights Protection in Big Data Applications §，Algorithms，2022.

［6］Liene V&Renate C，The Role of Intellectual Property Rights in the Technological Age，ACTA PROSPERITATIS，2022.

［7］J D D，Olivia S&Forcht T D，Intellectual Property Protection in Neurosurgery：An Overview. Neurosurgery，2022.

[8] L B V&Matthew C H&Lauren L，et al，Intellectual property：A primer for radiologists，Clinical imaging，2022.

[9] Y. L D&M. L F&M. J M，Intellectual Property Ownership in a University Setting，Entrepreneurship Education and Pedagogy，2022.

[10] Kapyrina N&Kolzdorf M，Key Issues in the Intellectual Property Court' Presidium Rulings，Legal Issues in the Digital Age，2022.

[11] Katrin M&Mei W，Intellectual Property Rights in China—A Literature Review on the Public′s Perspective，Frontiers in Sociology，2022.

[12] Pick B，Intellectual Property and Development：Geographical Indications in Practice，Taylor and Francis，2022.

[13] A T&L D&E D，Could Kuansing's Be Protected by Geographical Indication?，IOP Conference Series：Earth and Environmental Science，2022.

[14] Buch N&Trivedi H，Geographical Indications of Indian Handlooms：Between Legal Right and Real Right，Taylor and Francis，2022.

[15] Michelle O&Janice D，Protecting Ghana's intellectual property rights in kente textiles：the case for Geographical Indications，Journal of Intellectual Property Law&Practice，2021.

[16] Lin C，Exploration of Intellectual Property Protection Strategies for Cross-border E-commerce，E3S Web of Conferences，2021.

[17] Grimaldi M&Greco M&Cricelli L，A framework of intellectual property protection strategies and open innovation，Journal of Business Research，2021.

[18] Miriam S，Arkansas Lawsuit Seeks Protection of Intellectual Property，ARCHITECTURAL RECORD，2020.

[19] Covarrubia P，Geographical Indications of Traditional Handicrafts：A Cultural Element in a Predominantly Economic Activity，IIC - International Re-

view of Intellectual Property and Competition Law, 2019.

[20] Ubertazzi B, EU Geographical Indications and Intangible Cultural Heritage, IIC - International Review of Intellectual Property and Competition Law, 2017.

[21] Tim W Dornis, Trademark and Unfair Competition Conflicts, Cambridge University Press, 2017.

[22] Olivier V, The new grounds for refusal based on designations of origin and geographical indications in the trade mark package: revolution or status quo?, Journal of Intellectual Property Law&Practice, 2016.

[23] Knaak R, Geographical Indications and Their Relationship with Trade Marks in EU Law, IIC-International Review of Intellectual Property and Competition Law, 2015.

[24] Calboli I, Geographical Indications of Origin at the Crossroads of Local Development, Consumer Protection and Marketing Strategies, IIC - International Review of Intellectual Property and Competition Law, 2015.

[25] Sanders K A, Geographical Indications of Origin: When GIs Become Commodities, All Gloves Come Off, IIC - International Review of Intellectual Property and Competition Law, 2015.

[26] Heath C&Marie-Vivien D, Geographical Indications and the Principles of Trade Mark Law—A Distinctly European Perspective, IIC - International Review of Intellectual Property and Competition Law, 2015.

[27] Desai, From Trademarks to Brands, Florida Law Review, Vol. 64, No. 4, 2012.

[28] Gangjee D. , Relocating the Law of Geographical Indications, Cambridge University Press, 2012.

[29] Branstette L&Fisman R&Foley C F, et al, Does Intellectual Property

Rights Reform Spur Industrial Development?, Journal of International Economics, 2011.

[30] Branstetter L. &Fisman R. &Foley C. &Saggi K., Does Intellectual Property Rights Reform Spur Industrial Development?, Journal of International Economics, 2011.

[31] UNION E, Law Regarding Trade Marks and Geographical Indications, International review of intellectual property and competition law, 2011.

[32] Furukawa Y, Intellectual Property Protection and Innovation: an Inverted-U Relationship, Economics Letters, 2010.

[33] Hallak J. &Sivadasan J., Productivity, Quality and Exporting Behavior under Minimum Quality Requirements, NBER Working Paper, 2009.

[34] SINGHAL S, Geographical indications and traditional knowledge, Journal of Intellectual Property Law&Practice, 2008.

[35] Branstetter L. &Fisman R. &Foley C. &Saggi K., Intellectual Property Rights, Imitation, and Foreign Direct Investment: Theory and Evidence, NBER Working Paper, 2007.

[36] Okediji&Ruth L, The International Intellectual Property Roots of Geographical Indications, Chicago-Kent Law Review, Vol. 82: 3, 2007.

[37] Glass A. &Saggi K., Intellectual Property Rights and Foreign Direct Investment, Journal of International Economics, 2002.

图书在版编目（CIP）数据

我国地理标志统一立法研究 / 陈星著 . —北京：中国法制出版社，2024. 5

ISBN 978-7-5216-4385-5

Ⅰ. ①我… Ⅱ. ①陈… Ⅲ. ①地理-标志-法律-研究-中国 Ⅳ. ①D923. 434

中国国家版本馆 CIP 数据核字（2024）第 058419 号

责任编辑：程　思　　封面设计：周黎明

我国地理标志统一立法研究

WO GUO DILI BIAOZHI TONGYI LIFA YANJIU

著者/陈星

经销/新华书店

印刷/北京虎彩文化传播有限公司

开本/710 毫米×1000 毫米　16 开　　印张/ 15. 5　字数/ 171 千

版次/2024 年 5 月第 1 版　　2024 年 5 月第 1 次印刷

中国法制出版社出版

书号 ISBN 978-7-5216-4385-5　　定价：56. 00 元

北京市西城区西便门西里甲 16 号西便门办公区

邮政编码：100053　　传真：010-63141600

网址：http：//www. zgfzs. com　　**编辑部电话：010-63141806**

市场营销部电话：010-63141612　　**印务部电话：010-63141606**